जीवन पथ पर...

जीवन पथ पर...

विजय लक्ष्मी शर्मा 'विजया'

सत्साहित्य प्रकाशन, दिल्ली

प्रकाशक : सत्साहित्य प्रकाशन, 205-बी चावड़ी बाजार, दिल्ली-110006
सर्वाधिकार : सुरक्षित / संस्करण : प्रथम, 2018 / मूल्य : दो सौ पचास रुपए
मुद्रक : आर-टेक ऑफसेट प्रिंटर्स, दिल्ली ISBN 978-81-7721-379-9

JEEVAN PATH PAR... *Poems* by Vijay Laxmi Sharma 'Vijaya' ₹ 250.00
Published by Satsahitya Prakashan, 205-B Chawri Bazar, Delhi-110006

एक बच्चा जब जन्म लेता है तो भौतिक संसार से अनभिज्ञ कच्ची मिट्टी के समान होता है। माता–पिता कुम्हार बनकर उसे संस्कारों की मिट्टी में गूँधकर प्रथम शिक्षा का ज्ञान देते हैं।

इसलिए परमेश्वरी के ध्यान के बाद माता–पिता का आशीर्वाद उतना ही आवश्यक है, उनके बिना तो मेरा कोई वजूद ही नहीं। उनको कोटि–कोटि प्रणाम और समर्पित हैं मेरी कुछ पंक्तियाँ, उन्हीं से सीखी उन्हीं को समर्पित और अपनी प्रथम पुस्तक मेरी माँजी और पिताजी को समर्पित करती हूँ।

पहली पुस्तक

अपनी पहली पुस्तक
माँ की आँखों में देखी,
वहीं से पहले गुरु का ज्ञान मिला,
उँगली पकड़कर ही तुम्हारी
उठने का सम्मान मिला,
पिताजी के ऊँचे मस्तक से
आत्मसम्मान का पाठ मिला,
यहीं से शुरू हुई मेरी पाठशाला,
यहीं से प्रथम शिक्षा का दान मिला,
नमामि मातृ और पितृ शक्ति
जिनसे विजया को इतना सम्मान मिला।

अपनी बात

मेरा यह कविता-संग्रह मेरे भावुक और अत्यंत संवेदनशील भावनाओं की उपज है। जीवन के उतार-चढ़ाव के अतिरिक्त इसमें मानवीय संवेदनाओं और पीड़ा का भी समावेश है। हमारे आसपास इतना कुछ घटित हो जाता है कि कविहृदय बेचैन हो उठता है, व्याकुल हो उठता है और फिर जन्म लेती है एक कविता। कविता लिखना उतना आसान नहीं, जितना हम सोच लेते हैं, उस भाव को जीना पड़ता है, उस दर्द को महसूस करना पड़ता है, उस कुरीति को समझना पड़ता है, तब कविता का जन्म होता है। मैं अभी अज्ञानी हूँ, अपने अल्पज्ञान से मैंने यह कविता-संग्रह तैयार किया है, अभी बहुत कुछ सीखना बाकी है। मैं नतमस्तक हूँ अपने माता-पिता के चरणों में, जिन्होंने मुझे शिक्षा दी और जीवन में अग्रसर होने की प्रेरणा दी, जिसकी वजह से मैं यहाँ हूँ। मेरे परिवार के सभी सदस्य एवं मेरे मित्र, उनका आभार प्रकट करे बगैर तो कुछ भी नहीं, जिन्होंने वक्त-बेवक्त मेरी कविताओं को सुना-सराहा और अगर सुधार की आवश्यकता हुई तो स्पष्ट कहा। मुझे खुशी है कि मेरे इस काम में मेरे पतिदेव और मेरे बच्चों ने मुझे पूर्ण सहयोग दिया। मैं शुक्रिया अदा करती हूँ राज्यसभा सचिवालय का, जिन्होंने मुझे यह काव्य-संग्रह छपवाने की अनुमति प्रदान की। मैंने अपनी क्षमता के अनुसार अपने अनुभवों को, अपने आसपास हो रही घटनाओं को कविता में ढालने का एक प्रयास किया है। आशा है, मेरे प्रिय पाठक मुझे समझ सकेंगे, मैं उन सभी पाठकों का भी आभार प्रकट करना चाहती हूँ, जो मेरे संग्रह में रुचि लेंगे, इसे पढ़ेंगे और मुझे समझने की कोशिश करेंगे।

धन्यवाद!

अनुक्रम

आओ माँ

[माँ पर मेरी यह प्रथम कविता मेरी उस अन्यन आस्था की प्रतीक है, जिस आस्था ने कभी मुझे निराश नहीं होने दिया, अपितु उड़ने को पंख दिए और मेरे जख्मों पर मरहम रखा। इनके बिना तो मेरा कोई अस्तित्व है ही नहीं, और न ही मैं एक कदम भी चल सकती हूँ। अपने जीवन की प्रथम पुस्तक में मुझे यह अवसर मिला कि मैं अपनी आस्था, अपनी प्रेरणा और अपनी हर खुशी की दात्री, जगत्-जननी का अपने शब्दों से वंदन कर सकूँ। अपना आशीर्वाद बनाए रखना माँ।
जय माँ जगत्-जननी!]

तुम दंश दायिनी
प्रचंड रूप धारणी
कृपा फल दायिनी
मधुर मुख मोहिनी
शत्रु नाशनी
विकराल रूप धारणी
महिषासुर मर्दिनी
मधु-कैटभ हरणी
शुंभ-निशुंभ नाशनी
खड़ग-त्रिशूल धारणी
स्वीकारो प्रणाम
मेरा मनमोहनी
कलयुग की धरती

पधारो धरा पवित्र करो
भरती फिर है
पाप की गठरी
पीर बड़ी है
भक्तन की
दंभ नाश करो माँ
बल नाश करो माँ
छल नाश करो माँ
धर रूप विराट्
विपदा हरो माँ
मचा है हाहाकार
सुलग रही बेटी तुम्हारी
छुड़ाकर दुष्ट पंजों से
उसका उद्धार करो माँ
उपकार करो माँ
अपनी चरणधूलि से
फिर इस धरा को पावन करो माँ
आओ माँ नौ दिन
दुष्टों का संहार करो माँ
जनमानस की पीर हरो
धरती पर ही वास करो माँ
आओ अपनी कृपा से
धरती को पावन करो माँ
विजया चरण वंदती तुम्हारे
मुझपर अपनी करुणा का
हाथ धरो माँ
पधारो मेरे घर भी
मुझपर भी उपकार करो माँ।

□

मेरी माँ

[माँ शब्द ही अपने आप में इतना मधुर, इतना प्रेरक है कि उसी में सारी दुनिया समा जाती है। माँ जैसा न कोई त्यागी है और न ही कोई शिक्षक। माँ की महिमा से तो भगवान् भी अछूते नहीं रहे। माँ शब्द के व्याख्यान के लिए न तो मैं ज्ञानी हूँ, न ही सक्षम। माँ शब्द किसी भी व्याख्यान, परिचय या फिर चर्चा से कहीं ऊपर है। मेरा कविता संग्रह भी माँ के वंदन के बिना अधूरा लगता, इसलिए माँ के चरणों में मेरा एक छोटा सा प्रयास।
नमामि मातृ शक्ति!]

वृक्ष का अस्तित्व जड़ से है, मेरा मेरी माँ से
धरती सी सहनशील, कठोर वचनों से कोमल हृदया,
चिलचिलाती धूप में छाँव सी, तपते मरुस्थल में पानी सी
लड़खड़ाते कदम गिरने न दे, ठोकर लगे तो आँचल में छिपाए,
विपदाओं में घबरा जाऊँ कहीं तो धैर्य सिखाए
मेरे बिखरे अस्तित्व को जतन से सजाए और सँवारे,
डूब जाऊँ जो तेज भँवर में, तारने को झटपट तत्पर
कठिन परीक्षा की घड़ी में, सहज-सरल उत्तर सी,
आँख से जो छलके आँसू कभी, तो ममत्व का मर्म
मेरे हर कदम पर गुरु, सखी और उपदेशक सी,
ऋणि है मेरी हर साँस, तेरी जागती लंबी रातों की
सफल मेरा जीवन बँधकर तेरी ममता की डोरी में,
धैर्य, कर्म, त्याग और प्रतिष्ठा की मूर्ति,
तुझे अर्पण मेरा यह जीवन
तेरे ममत्व को कोटि-कोटि नमन,
स्वीकारो मेरा चरण वंदन। □

माँ अब बूढ़ी होने लगी है

[यह कविता माँ के साथ बिताए उन लम्हों की यादगार तसवीर है, जब उनके साथ मुझे उत्तराखंड जाने का मौका मिला। शादी के बाद यह पहला अवसर था, जब माँ और मैं एक साथ कहीं लंबे सफर पर जा रहे थे। वहीं अनुभव हुआ कि माँ के व्यवहार में कुछ-कुछ परिवर्तन हो रहा है और वहीं पर रास्ते में इन भावों ने जन्म लिया। यों तो मैं इस योग्य नहीं कि माँ पर टिप्पणी कर सकूँ, फिर भी एक कोशिश की है।]

जज्बातों की आँधी कुछ ज्यादा बहने लगी है
लगता है माँ अब बूढ़ी होने लगी है,
सहने से ज्यादा अब कहने लगी है
लगता है माँ अब बूढ़ी होने लगी है,
जो थी आदत बचपन में मुझको
वही उनको होने लगी है
लगता है माँ अब बूढ़ी होने लगी है,
एक ही बात को कई-कई बार
दोहराने लगी है
लगता है माँ अब बूढ़ी होने लगी है,
बच्चों सी जिद अब करने लगी है
अपनी ही बात सच कहने लगी है
लगता है माँ अब बूढ़ी होने लगी है,
जो सोचती थी सदा हमारे लिए ही
अब कुछ अपने मन की भी करने लगी है

लगता है माँ अब बूढ़ी होने लगी है,
चेहरे की शिकन झलक है उनके तजुरबों की
उन पर भी कुछ–कुछ उम्र की छाप
दिखने लगी है
लगता है माँ अब बूढ़ी होने लगी है,
रूठ जाती है कभी छोटी–छोटी बातों पर
कभी बच्चों सी मचलने लगी है
लगता है माँ अब बूढ़ी होने लगी है,
चलती थी कभी मैं जिनकी उँगली पकड़कर
उनको मेरे सहारे की जरूरत होने लगी है
लगता है माँ अब बूढ़ी होने लगी है।

□

ममता

[ममता कविता मेरी ममता का आधार है, मेरे दो बच्चों की मासूम शरारतें और उनमें अपने बचपन को खोजती हुई मैंने ये पंक्तियाँ अपने ममत्व को समर्पित की हैं, क्योंकि बच्चों के बिना नारी जीवन पूर्ण नहीं है। मेरा यह मानना है कि मातृत्व सबसे सुखद एहसास है और उसी एहसास को शब्दों में पिरोने की एक कोशिश की गई है।]

मेरे जीवन के दो आधार
जिनसे खुलता मेरी ममता का द्वार
पुलकित हूँ उनके नन्हे कदमों की आहट से
हर्षित उनके छोटे-छोटे शब्दों से
बचपन की उनकी मासूम बातों में
एक बचपन अपना भी दिखा है
मेरे आँचल से बँधे जब तुम
अपनी माँ का भी आँचल दिखता है
तुम्हारी तुतलाती मीठी वाणी में
एक तुतलाता स्वर अपना भी देखा
तुम्हारी ठुमकती चाल में
अपना बचपन सुहाना दिखता है
फूल तुम मेरी दुनिया के दो प्यारे-प्यारे
हठी तो कभी दुनिया से न्यारे
ममता की मेरे भागीदार
मेरे ममत्व पर सिर्फ तुम्हारा अधिकार

कभी नटखट तो कभी उद्दंड
कभी झगड़ते-हँसते-खेलते
मोह लेती हैं ये अदाएँ उनकी
उनकी कोमल वाणी से माँ शब्द गूँजा
लगा मधुर हर शब्द, हर भाव मधुर
ममता का यह एहसास मधुर
भोलेपन का यह भाव मधुर
मीठी थपकियाँ भी मधुर
तीखी झिड़कियाँ भी मधुर
ममता की यह छाँव तुम पर बनी रहे
माँ का शुभ आशीर्वाद है तुम्हें सदा
जीवन बगिया रहे तुम्हारी हरी-भरी
नित नई तरक्की के पथ पर बढ़ो
हो संयमित तुम्हारा हर व्यवहार
आशीष वचन हैं माँ के
सुन लो वो मेरे प्यारों
तुम ही हो मेरे जीवन के दो आधार
तुमसे ही खुलता मेरी ममता का द्वार।

□

उड़ने की चाह

[बेटियों को बहुत आजादी नहीं है भारत में, और उस बंधन में वह किस तरह से सोचती है, अपने आप से बातें करती हैं, उसी उधेड़बुन को दर्शाने की एक छोटी सी कोशिश और एक गगन चूमने की उम्मीद जगाने की क्रांतिकारी हठ है। अगर नारी चाहे तो अपने हक के लिए कुछ भी कर सकती है।]

स्वच्छंद परिंदे देख आसमान में
आज कोमल हृदय में एक अंकुर फूटा,
भावनाओं का वेग बड़ा
और मन चंचल हो उठा।

पंख नहीं हैं, फिर भी
उड़ने की चाहत ने ली अँगड़ाई,
सहसा एक अंदर से आवाज आई—
'पगली यह कैसी चाहत पाल ली तूने!'

पंखों में तेरे जान नहीं,
अरमान तेरे ऊँचा उड़ने के
साँसें हैं गिरवी तेरी यहाँ
उड़ने की चाह है बड़ी।

पाँव में है बेड़ी समाज की
पग-पग पंख कुतरने तेरे,
गिद्ध और सियार बैठे
पंखों से तुझे उम्मीद बड़ी।

उन्मुक्त गगन की चाह तुझे
बंद साँकलों की दीवार यहाँ,
आत्मविश्वास भरा परों में तेरे
उड़ने की लगन है बड़ी।

काट कुरीतियों की बेड़ियाँ
अपने आत्मविश्वास की ज्वाला में,
सभी बाधाओं की आहुति देकर
पंखों को अपने मजबूती देनी होगी।

अब उठा मस्तक स्वाभिमान से
स्वछंद उड़ो इस आकाश में,
छू लो मनवांछित छितिज तुम भी
मुक्त हो विषम बाधाओं से
अपना गगन विजया तुम भी चुन लो।

□

एकाकीपन

[यह हर उस औरत की दास्तां है, जो अपने घर-परिवार को सँभालते-सँभालते भूल जाती है कि उसका भी कोई जीवन है। इस उधेड़बुन में वह रोज कुछ सपने देखती है, जो कभी पूरे नहीं होते। वह अपनी इच्छाओं की, अपने सपनों की बली देती चली जाती है और अंत में केवल उसके पास बचती हैं अधूरी हसरतें, दर्द एवं उसका एकाकीपन, जिसको मैंने इन पंक्तियों में ढालने की कोशिश की है।]

रोज बुनती हूँ कुछ तार
सुबह उठती हूँ
समेटती हूँ
अपनी बिखरी ख्वाहिशें
टूटे सपने
छिन्न-छिन्न चिथड़े होती
कुछ नाकाम हसरतें
निकल पड़ती हूँ
फिर उसी राह पर
प्रेम हो मुझसे
शायद उसको भी
तुम आते हो
नवपल्लवित सपने ले
कुछ मीठी यादें और
अपने ही गुरूर में गुम

एक बंधन साथ ले
दुखता होगा मुझे कहीं
इससे अनजान
रौंदते चले जाते हो
मेरे ताने-बाने को
मैं प्रतीक्षारत
नित प्रतिदिन
इस उम्मीद में कि
मेरी भी बारी आए शायद
जो कभी आती नहीं
मैं शून्य को ताकती
निकल जाती हूँ
रोक लो शायद तुम
होता नहीं है चाहा
टूटती चली जाती हूँ हर बार
शाम होते-होते
खुल जाते हैं सभी तार
फिर वही सिलसिला
बिखरी चीजों को समेटने का
रह जाते हैं शेष भर
मेरे आँसू और यह एकाकीपन।

□

एहसास है तू

[प्रेम एक एहसास ही तो है। इसका न कोई रंग है, न ही कोई रूप, यह तो बस एक भाव है, जिसे महसूस तो कर सकते हैं, पर दिखा नहीं सकते। प्रेम दीवानों को न तो किसी नाम की जरूरत है और न ही किसी पहचान की। यह तो वह भाव है, जो राधारानीजी ने और मीराबाई ने कन्हैयाजी के लिए महसूस किया, उनका नाम मिले, यह कभी नहीं सोचा, उनके नाम से जाने जाएँ, यह ही भाव रहा। इन चंद पंक्तियों में मैंने प्रेम के इसी भाव को दर्शाने की कोशिश की है।]

एहसास है तू, हर वक्त मेरे दिल में धड़कता है,
इश्क है तुझसे, तेरी सूरत से नहीं,
नाम तो सिर्फ पहचान है,
तेरी दीवानों को उससे क्या काम,
तुझमें मैं जिंदा हूँ अब तक,
जीने के लिए फकत इतना ही काफी है,
रख नाम को किसी और के लिए,
हम तेरे नाम से जाने जाएँ,
हमारे लिए इतना ही काफी है।

□

दंभ

[पुरुष और स्त्री में बहुत अंतर है, स्त्री कोमल हृदया होती है—दया व प्रेम की भावना से परिपूर्ण। वहीं पुरुष में अहम् प्रधान होता है, उसे झुकना नहीं आता, प्रेम दर्शाना नहीं आता, वह सोचता है कि यदि वह झुका या प्रेम दर्शाया तो कमजोर तो नहीं कहलाएगा! वहीं स्त्री, मनुहार, समर्पण और प्रेमवश झुकती चली जाती है तथा यह क्रम निरंतर-लगातार चलता रहता है, उसके मिट्टी में विलीन होने तक। इन्हीं भावों को अपने शब्दों में पिरोने का एक प्रयास है मेरी यह कविता।]

कभी मनाते नहीं
बुलाते नहीं
पुरुष हो
दंभ की गठरी
के बोझ तले
सोचते हो
कहीं अहम्
चकनाचूर न हो
जताया जो
प्यार जरा भी
कहीं कमजोर
तो न कहलाऊँगा
झुकूँ क्यों मैं
यही भाव
बचपन से सीखा

पर मैं तो स्त्री हूँ
बचपन से कोमल
दंभ नहीं मुझमें
न ही अहम्
झुकना मेरी
नियति है
मनुहार वात्सल्य
उपहार मिले
जन्म से मुझे
बार-बार हर बार
बुलाऊँगी, मनाऊँगी
हार नहीं मानूँगी
मरते दम तक
जीतता रहेगा
पौरुष तुम्हारा
सदियों तक कहीं
हारती रहूँगी मैं
तुम्हारे झूठे खोखले
अहम् के आगे
नतमस्तक मुजरिम
हूँ जैसे
मैंने सीखा है
प्यार में मिट जाना
यह क्रम यों ही
चलता रहेगा
मेरे मिट्टी में
विलीन होने तक
अंतहीन
निरंतर।

□

आज फिर

[समाज में फैली अराजकता, अमानवीय प्रवृत्ति से मन बहुत बेचैन हो उठता है। आज भी हमारी बेटियाँ सुरक्षित नहीं हैं, आज भी नारी को अबला समझा जाता है। यह दर्द और भी गहरा हो जाता है, जब हम कोशिश करते हैं कि कुछ सुधार किया जाए, परंतु अपराध घटने की बजाय बढ़ते चले जाते हैं। आज फिर हमें जरूरत है ऐसी शक्ति की, जो अपने चमत्कार से समाज की इन बुराइयों का नाश कर सके। समाज में इतनी बुराइयों को देखकर जो वेदना प्रखर हो उठती है, उसी विकल वेदना को दरशाने का प्रयास किया है मैंने अपनी इस कविता में।]

विकल वेदना
          आज फिर
चंचल मन वैरागी
          आज फिर
वही प्रताड़ना
          आज फिर
द्रौपदी चीर-हरण
          आज फिर
जहर का प्याला
          आज फिर
सीता-हरण
          आज फिर
प्रतीक्षारत अहिल्या

आज फिर
कैकेयी-मंथरा
आज फिर
दशरथ बेबस
आज फिर
वही राग पुराना
आज फिर
अबला ही है
आज फिर
बेबस-लाचार
आज फिर
मन अधीर-गंभीर
आज फिर
संवेदनहीन समाज
आज फिर
नहीं कुछ बदला
आज फिर
विवश-लाचार विजया
आज फिर
ढूँढ़कर लाओ कोई
राम, कृष्ण और गांधी
आज फिर
मूक विवश हूँ
आज फिर।

□

कौन हूँ मैं ?

[मेरी कविता 'कौन हूँ मैं' एक ऐसे सैनिक की पत्नी की गाथा है, जो देश की रक्षा की खातिर सरहद पर शहीद हो जाता है और जब उसके शव को घर लाया जाता है तो उस घर में एक कोलाहल मच जाता है। इतने शोर में कई तरह की आवाजें आ रही होती हैं, परंतु कोई भी शहीद सैनिक की पत्नी का नाम नहीं लेता। सबकी बातें होती हैं कि किसने क्या खोया, पर जिसने अपना सर्वस्व खो दिया, उसका इस शोर में कहीं नाम ही नहीं होता। ऐसे माहौल में उसके मन में क्या-क्या मंथन होता है, उसी अंतर्द्वंद्व को अपने शब्दों द्वारा दिखाने की एक कोशिश है मेरी।]

मूक निशब्द सी
शून्य को ताकती
निर्जीव शिला समान
न शब्द कोई, न भाव ही
शेष है तो अंदर का अंतर्द्वंद्व
स्व-अस्तित्व की खोज करते
सहसा चौंक सी जाती
निरंतर आती आवाजों से
माँ ने जवान बेटा खो दिया
ओहऽऽ! बच्चों ने पिता
बहन ने भाई, पिता ने पुत्र
कर्णभेदी स्वर गूँज रहे थे
शोरगुल खूब चहुँओर था
सुनकर स्तब्ध थी वो

हर क्षण होती रही आहत
मन बेचैन, त्रास से भरा हुआ
अंतस में चल रहा था एक मंथन—
'कौन हूँ मैं?'
कभी दीये की भाँति जलती
कभी मोम सी पिघलती
रौशन करती सबकी राहों को
सहसा चौंका देता यह सवाल
माता-पिता ने पुत्र खोया
बच्चों ने पिता
बहन ने भाई खोया
सबने कुछ-न-कुछ खोया
इन सब में मैंने क्या खोया
किसी ने जाना भी नहीं
कन्या तो है द्वार मोक्ष का
दानी बन माता-पिता ने
निभाया अपना फर्ज
चावल के कुछ दानों के साथ
मैंने हर रिश्ता पीछे छोड़ दिया
बाबुल की ड्योढ़ी लाँघकर
तुम्हारी ड्योढ़ी पर प्रवेश किया
बचपन के सब रिश्ते भूल
तुमसे बँधा हर रिश्ता जोड़
सौंप दिया तुमको अपना सर्वस्व
कन्या से अब बन गई थी पत्नीधन
अब तुम सखा,
बंधु और बांधव मेरे
मेरे लिए तुम्हारे हर शब्द
गीता का उपदेश हो जैसे

तुम्हारी ही वाणी अमृतवाणी
तुमसे ही मेरा जीवन पूर्ण हुआ
अपना न रहा कोई जीवन
मेरा शृंगार तुम
तुम ही मेरे आभूषण
माँ बनकर पाई पहचान नई
नाम मिला मातृधन
मेरी जाति-धर्म-कुल
सबकुछ तुम
मेरा अपना कोई घर नहीं
तुमसे ही मेरी पहचान बनी
बरसों जब लौटे नहीं तुम
देश की रक्षा की खातिर
सीमा पर हरदम तैनात रहे
मैंने उठा लिया परिवार का बीड़ा
किसी को भी न दिखाई अपनी पीड़ा
आँखों को हरदम रहा तुम्हारा इंतजार
कभी तुम्हारे फर्ज की राह में न दीवार बनी
न देखा मैंने दर्पण में अपना यौवन
भावना ने मेरी मुझको बहलाया
सालों मन के भाव सँभाले मैंने
जिस ढाँचे में ढाला तुमने
उसी में ढलती गई
खुद रही अंधकार में
रोशनी सी तुम्हारे घर के चिरागों में
जलती रही
आँचल में ममता लिये
आँखों से आँसू पिए
तुम्हारे आने का इंतजार रहा

आओगे तो करूँगी बातें कई
आँगन में मेरे
झूले डलेंगे सावन के
मुझ पर भी होगी प्रेम-वर्षा
बस रही प्रतीक्षारत
पर तुम
आए हो वर्षों बाद
निःशब्द-निर्विकार-निर्जीव
छोड़ हर कहानी अधूरी, हर बात अधूरी
चिंतामुक्त और शांतचित्त
लाए थे सप्तपदी के फेरे भर
सात जन्मों तक साथ निभाने की कसम ले
मन के अटूट बंधन की गाँठ में बाँध
अपनी अर्धांगिनी बना
हाथ थामे विश्वास से
हाथ छुड़ाकर चल दिए
मेरे अस्तित्व के स्वामी
मेरे इस विधवापन में मैंने
खोकर अपना सर्वस्व जीवन
खो दिया अपने आप को
फिर क्यों इस कोलाहल में मेरा नाम नहीं
निरस्त और निरुत्तर हूँ
कौन हूँ मैं? क्यों इस कोलाहल में मेरा नाम नहीं
निःशब्द-स्तब्ध शब्द हैं
शेष है तो बस
अंदर का अंतर्द्वंद्व।

□

प्रतीक्षारत एकटक

[जीवन में हमें सबकुछ तो नहीं मिलता या जो मिला है, वह कहीं कम रह गया और हमें इंतजार रहता है कि कहीं-न-कहीं, कभी-न-कभी तो हमें वो सब मिल ही जाएगा, जिसकी हमें जरूरत है। पैंडुलम की तरह झूलती जिंदगी में हम इंतजार करते रह जाते हैं, पर वो दिन कभी नहीं आता, जो हमारे अशांत मन को शीतलता प्रदान कर सके। उस एक पल के इंतजार में जाने कितने पल मर जाते हैं हम। यही जीवन है शायद। उसी पल के इंतजार में कई सपने बुनते हैं और कई फंदे खुल जाते हैं। जीवन के इस उतार-चढ़ाव में खट्टी-मीठी यादों का सफर है मेरी यह कविता।]

रोज बुनती हूँ मैं एक सपना
रोज खुल से जाते हैं फंदे
फिर कोशिश करती हूँ
नाकाम ही रह जाती हूँ
तुम कहते हो वक्त बदल गया
क्या प्यार का भी वक्त होता है
बोलो तो कुछ
क्यों चुप हो
नजरें क्यों हैं झुकी हुई
क्या तुम गुनाहगार हो
मेरे उन अनगिनत सपनों के
या फिर झूठ की परछाईं
तले अपने ही वजूद के

नहीं, तुम कहाँ समझ पाओगे
विवेकहीन हो, निष्ठुर हो
भावनाओं का वेग तुम क्या जानो
तुम तो बस अपनी दंभ की गठरी सँभालो
जिम्मेदारियों की दुहाई दे
छिपा लो अपना जुर्म
दर्द क्या है, पता है
रोज मरना पड़ता है
दूसरों की खुशी के लिए
तुम क्या जानो
तुम ठहरे बेरहम-बुजदिल
सपनों के सौदागर बन के आए
सब्जबाग दिखाए और चल दिए
मैं खड़ी बेबस प्रतीक्षारत
तुम्हारे उस एक वादे के इंतजार में
ठहरो, मैं लौट के आऊँगा
मैं ठहरी रही
वर्ष, ऋतु, मौसम बदल गए
मैं हूँ आज भी प्रतीक्षारत
निरंतर-लगातार-एकटक।

□

तलाश

[जिंदगी की इस आपाधापी में हमें पता ही नहीं चलता कि कब हमारे अंदर कोई एक भावना पनप उठती है कि कोई अपना खास आदमी हमारे मन के उस कोने तक झाँक सके, जहाँ कोई नहीं पहुँच पाया अब तक यह ख्वाहिश हममें से सभी की होती है, हर इनसान तलाश रहा है उस शख्स को, जो उसके अंदर के इस मौन को पहचान उसकी जिंदगी को पूर्णता दे। इन्हीं विचारों को रूप देने की एक कोशिश है यह कविता।]

मौन सी तलाश रही हूँ
जिंदगी के मायनों को
कहीं तो हरकत हो
सिलसिला शुरू हो बातों का
मेरी खामोशी है तलाश उन शब्दों की
जो बदल दें मायने मेरी जिंदगी के
कशमकश कि गहरी छाया के संग
इंतजार है तुम्हारे अनकहे शब्दों का
गहरी होती जाती मेरी चुप्पी
कहीं तो चुभती होगी तुमको भी
तोड़ दो मेरे मौन को, खत्म हो तलाश
मिल सके मायने विजया की जिंदगी को भी।

□

मौन

[प्रेम में शब्द कोई मायने नहीं रखता। कभी-कभी या यों कहें कि हमेशा, जो आँखों की भाषा समझ ले, वही प्रेम है। हाँ, यह सच है कि कभी-कभी अपने भावों को अभिव्यक्त करने के लिए शब्दों का प्रयोग किया जाता है, परंतु क्या ही अच्छा हो कि कुछ कहे बिना ही समझ लिया जाए। कुछ दिन शब्दों को मौन रखकर ऐसी जिंदगी भी जीनी चाहिए, जहाँ मन एकाग्रचित्त-शांत हो, केवल प्रेम के धुन में मगन हो और दूसरा व्यक्ति हमारी उस मूक भाषा को समझे, यही सच्चा प्रेम है, जो इन चंद लाइनों में अभिव्यक्त करने की एक छोटी सी कोशिश है।]

शब्दों के तीर चले बहुत
अब कुछ देर विराम लिया जाए
आज कुछ ऐसा भी किया जाए
कुछ वक्त मौन रहा जाए
भावों को भी स्थान मिले कुछ
क्यों हर घड़ी कुछ कहा जाए
दिल की बात मुख देख समझ पाऊँ
उस उन्मुक्त प्रेम को जिया जाए
तुम मुझको जानो गहराई से
मैं हृदयतल से पहचानूँ तुम्हें
इस पुरानी प्रणय-गाथा को
पुनः जीवित किया जाए
शब्दों के तीर चले बहुत विजया
अब कुछ देर विराम लिया जाए
क्यों न कुछ वक्त मौन रहा जाए! □

खामोशी

[जहाँ शब्दों का मोल न हो, वहाँ खामोश रहना ही बेहतर होता है। कभी-कभी यह खामोशी ही आपको परम आनंद देती है। हम खुद ही अपने अंदर मंथन करते हुए उस शोर को महसूस कर रहे होते हैं, जो हमें जमाने से लानतों के रूप में मिला होता है, पर हम उसमें कोई प्रतिक्रिया न करते हुए उसे केवल चुपचाप सहते हैं, ताकि रिश्तों में कोई कड़वाहट न हो। आपके बीच चंद पंक्तियाँ इन्हीं भावों की अभिव्यक्ति है।]

कुछ अनकहे-अलसाए सवालों में
बेबसी-बुजदिली के खयालों में
भीग रही थी मेरी खामोशी बारिश के शोर में
यादों के गलियारे से झाँकती, कभी
छुप जाती
आँख-मिचौली सी खेलती हुईं
भीग रही थी मेरी खामोशी बारिश के शोर में
अर्थहीन वजूद के बोझ तले
बिखरे अरमानों की संगत लिये
भीग रही थी मेरी खामोशी बारिश के शोर में
जमाने भर से मिलीं सौगातें कई
तोहमतें, लानतें और रुसवाइयाँ
समेटे हुए सभी बहुमूल्य, सम्मानित
प्रेम से मिले सभी अलंकारों में
समर्पण का भाव लिये
भीग रही थी मेरी खामोशी बारिश के शोर में। □

चंद्र

[बचपन से ही चंदामामा हमारे आकर्षण के केंद्र होते हैं। माँ की लोरी भी उनके बिना पूरी नहीं होती और फिर जवानी की दहलीज पर तो चाँद के बिना प्रीतम की तुलना संभव ही नहीं। परंतु उम्र के साथ हमारे भाव बदलते रहते हैं और चंद्रमा तो अपनी ही अदा से मंद-मंद मुस्कुराते रहते हैं। उनकी तीखी मुस्कान और चाँदनी को छेड़ते रहने की एक अनूठी तीखी नोक-झोंक ही इन चंद पंक्तियों में समाहित है।]

शरद चंद्र
नयन भरत नीर
करत अधीर

अर्धचंद्र किरण
मुसकात मंद
विचरत स्वछंद

कौन देश से तुम
लुभावन चंद्र
परिचित हो लागत

छेड़त राग
देख चंचल चंद्र
छिड़त रागनी

बदलत आकार
चपल चंद्र
लेत है मन बाँध

आँख मीचत
बादल संग चंद्र
लुकत जात

दबे पाँवों से
छटा बिखरावत
मोहक चंद्र

खेलत खेल
सखी चाँदनी
मनमोहक चंद्र।

□

गजल

[खुदगरजों का शहर है यह और शायर बड़े कोमल ह्दय होते हैं, उन्हें तो जरा सी बात से भी ठेस लग जाती है। दुनिया से कोई गिला नहीं उनको, पर अपने महबूब की बेरूखी जरूर बेचैन कर देती है। और वे इस कदर निराश व हताश होते हैं कि उन्हें लगता है कि उनकी यादों का यह सफर उनकी जिंदगी के साथ समाप्त हो जाएगा बिना अपने प्रिय के दीदार के। कुछ गंभीर शैली में शायर के मन की बात को शब्दों में ढालने की एक कोशिश की है इस गजल में।]

जमाने से कोई शिकवा नहीं है,
दुखा है दिल तुम्हारी बेरुखी से।

है खुदगर्जों का देखो यह शहर अब,
यहाँ मिलते हैं इनसां बेरुखी से।

मेरी मैं में सभी हो जाएँ शामिल,
हुआ हासिल यही बस जिंदगी से।

बता ढूँढूँ मैं तुझमें जिंदगी क्या,
मैं वैसी हूँ मिली जैसी तुझी से।

अगर मिल जाए छूटा वक्त मुझको,
खता क्या है यह पूछेंगे उसी से।

सफर लंबा है तेरी याद का यह,
खतम होगा हमारी रुखसती से। □

चंद्र छटा

[प्रियतम के विरह को शरद चाँदनी बहुत बेचैन कर देती है। उसकी शीतलता उसे प्रियतम से मिलने को बेचैन कर देती है और चंद्र की खिली मनमोहक छटा में वह अपने प्रिय को ढूँढ़ते हुए उसके सान्निध्य की कल्पना करता है। उसकी तुलना वह विभिन्न प्रेम-प्रसंगों से करता है और अपने पागल प्रेम में अपने प्रियतम को हर किसी के साथ ढूँढ़ने की चेष्टा करता है। चाँद तो सदियों से प्रेमियों को विकल करता आया है, फिर कवि हृदय कैसे अछूता रहता, इसलिए चंद शब्दों से नवाजी है—चाँद की प्रेम-कथा।]

खिली है धरा
उन्मुक्त चंद्र आज
खुला आसमां

उजला तेज
मनमोहक छटा
भीगी धरती

कार्तिक रात
तारों की है बरात
धरा दुलहन

है वसुंधरा
सकुचाई चंचल
साथी गगन

खिली धरती
शीतल है चाँदनी
है चित्त शांत

पागल प्रेम
प्रियतम की याद
धरा के साथ।

□

बुरा मान गए

[एक प्रेमिका की कल्पना की पराकाष्ठा है ये चंद पंक्तियाँ। अपने जीवन में जो-जो उसने महसूस किया, उसे बताने की कोशिश की है। मुहब्बत की अदा है कि अगर किसी को जरूरत से ज्यादा चाहो तो वह आपको एक आम आदमी की तरह देखने लगता है। उसकी हर बात को बेकार समझता है और बेमानी चीजों की तरफ भागता चला जाता है। वहीं दूसरी तरफ, प्रेमवश उसकी प्रेमिका उसे अपना खुदा माने बैठी होती है और प्रेमी के रूखे व्यवहार से आहत होती रहती है। अपनी इन्हीं भावनाओं को वह शब्दरूप दे उजागर करने की कोशिश करती है।]

सपनों में अपने सजाया
तो बुरा मान गए,
तुम्हें अपना बनाया
तो बुरा मान गए,
बात अपनी चलाई
तो बुरा मान गए,
साँस अपनी में बसाया
तो बुरा मान गए,
अपना आईना जो तुमको बनाया
तो बुरा मान गए,
अक्स अपना जो दिखाया
तो बुरा मान गए,
रब अपना बनाया

तो बुरा मान गए,
सजदे में सिर को झुकाया
तो बुरा मान गए,
नजरों से जो उठाया
तो बुरा मान गए,
आँखों में जो छुपाया
तो बुरा मान गए,
धड़कते दिल ने जो आवाज दी
तो बुरा मान गए,
सबसे हटकर जो चाहा
तो बुरा मान गए,
मुहब्बत का देवता बनाया
तो बुरा मान गए,
ख्वाहिशें न पाल विजया
दफन कर किसी कोने में,
जमाने को जो उनको अपना बताया
तो बुरा मान गए।

□

मिला नहीं

[हर किसी की जिंदगी में एक ऐसा वक्त जरूर आता है, जब हम सोचते हैं कि काश ऐसा होता तो कैसा होता या काश उस समय यह किया होता! कोई-न-कोई ख्वाहिश या उम्मीद जरूर होती है, जो टूट जाती है और समय पंख लगाकर उड़ जाता है तथा हमारे पास पछताने के अलावा कोई चारा नहीं रह जाता। उस बीते लम्हें की खोज में उन्हें अभिव्यक्त करने के अलावा कुछ नहीं बचता और अंत में इसी बात पर संतोष करना पड़ता है कि शायद वह हमारी किस्मत में ही नहीं था। हाजिर है—मन की यह बेचैन व्यथा।]

वक्त से छूटा था कभी जो लम्हा,
वह फिर कभी हमको मिला नहीं,
दिल पर क्या-क्या गुजरी है कि,
मुलाकात का भी अब सिलसिला नहीं,

कभी जो छिड़कते थे जान मुझ पर,
आज उन्हीं की आँख की किरकिरी हूँ,
बेवफा होकर कहाँ छुप गए हो तुम,
हमको भी कहीं करार मिला नहीं,

मुरझा गई अब चाहतों की बगिया,
थकी आँखों में अब इंतजार नहीं,
मेरी किस्मत में शायद न थे वे,
कभी खुलकर जो मुझे मिले नहीं,
चल अब लौट चलें विजया इस सफर से,

दिलों में वो प्यार अब रहा ही नहीं,
वक्त से छूट जाए अगर जो लम्हा,
वह फिर कभी किसी को मिला नहीं,
मेरी किस्मत में शायद न थे वे,
कभी खुलकर जो मुझे मिले नहीं। □

बीती बात

[दिल में दबी प्यार की एक ठंडी फुहार की अभिव्यक्ति है इस कविता में। हर दिल कभी-न-कभी किसी से प्यार करता जरूर है और उस पल को जरूर याद करता है, जब उसके प्रिय के लिए सिर्फ वो ही सबकुछ था। धीरे-धीरे वक्त के साथ जिम्मेदारियाँ हावी होने लगती हैं और प्यार का एहसास बनकर रह जाता है, अभिव्यक्ति के लिए समय ही नहीं मिल पाता, इसे ही दर्शाने का एक प्रयास है यह कविता।]

धड़कन देती थी आवाज
वो मेरी बात करता था,

मुझमें बसी थी खुशबू तेरी
वो बहारों की बात करता था,

तेज था नदियों का उफान
वो किनारों की बात करता था,

देख चंचल-चपल मुख
वो चाँद-सितारों की बात करता था,

दिल में दफन थे कई तूफान
वो हवाओं की बात करता था,

किसी की याद थी दिल में बसी कहीं
वो दीवारों से बात करता था,

यौवन के उस उन्माद में
वो सितारों की बात करता था,

जिंदगी हो जाती थी हसीं कहीं
जब वो मेरी बात करता था,

खो गया कहीं वो शख्स
जो सिर्फ मेरी बात करता था।

वादे उलफत

[तन्हाई का सफर बड़ा लंबा लगता है और महबूब के मुँह से कुछ शब्द सुनने के लिए तड़प उठते हैं, फिर चाहे वे शब्द आपको रुला ही क्यों न दें। प्रेम वह आग है कि प्रियतम के मुख से बुराई भी फूल के समान लगती है। प्रियतम के एक वादे पर प्रिय अपनी सारी उम्र गुजार देती है, इस उम्मीद में कि एक-न-एक दिन वे उसे उसका हक देने जरूर आएँगे। उसी उतार-चढ़ाव की नजर हैं ये कुछ पंक्तियाँ।]

वादे न कर वादे उलफत में
प्यार का कुछ तो हौसला दीजिए

यह क्या कि हो गए गैर के
प्यार का न यों सिला दीजिए,

अधूरी मुहब्बत की दास्तां है
कुछ तो उम्मीद जगा दीजिए,

हँसा न सको, रुला ही दीजिए
मुझे भी दिल में थोड़ी जगह दीजिए,

मुमकिन न हो साथ चलना
चंद कदमों का तो हौसला दीजिए,

राह में तन्हा खड़ी हूँ मेरे रहबर
रास्ता ही कोई बता दीजिए,

आज भी तेरे वादे पर है टीकी मैं और मेरी तन्हाई
हो सके तो हक वफा का अदा कीजिए। □

प्रेम की खोज

[प्रकृति का प्रेम-प्रसंगों में बहुत बड़ा योगदान है या यों कहें प्रकृति से ही इन प्रसंगों में चार चाँद लग जाते हैं। एकांत-शांत प्रकृति की गोद में प्रणय विहार का अपना एक अलग ही अनुभव है और उस एकांत में वे दोनों किन-किन विचारों के झूले में झूलते-उतरते हुए एक-दूसरे में विलीन हो जाते हैं, वही भाव मेरी इस कविता में है।]

प्रेम का अविरल भाव
बह रहा ठहरे हुए पानी में
नीले अंबर की छाँव तले
पहरेदार ऊँचे विशाल पर्वत
एकांत-शांत हम दोनों
एक किश्ती के सवार
छोड़ दुनिया की कड़वाहट
चले पथ की खोज में

प्रणय की प्रकाष्ठा है
शब्द है मौन यहाँ
आँखें ही बोलती हैं
राज कई खोलती हैं
पेड़ों की झुरमुट की ओट लिये
श्वेत वरण बदली झाँकती
तकती दो छवि बीच नील नीर
देख हतप्रभ प्रेम-प्रसंग

बीती सारी बिसार दें
खिली प्रकृति बिखरी यहाँ
नहा लें नील चाँदनी में
भावों की बरसात लिये
अब मैं मैं न रहूँ
तुम तुम न रहो
विलीन हो एक-दूजे में
दें पूर्णता प्रेम-बंधन को।

□

वफा

[प्रेम वफा की मीनार पर ही टिका होता है। बिना वफा के वह ऐसा खँडहर है, जिसका कोई भविष्य नहीं। चाहे विरह में जान देनी पड़ जाए, पर वफा का दामन न छोड़ना ही सच्चा प्रेम है। फिर जमाने की ठोकरें लगें या फिर उनके ताने मिलें। पर प्रेम की राह न छोड़ना और न ही प्रीतम को, क्योंकि उसके लिए जीने की एक वजह उसका प्यार होता है तथा वह उम्मीद होती है, जो उसे कहती है कि सब्र कर देर से ही सही, वह आएगा। और उसके आने पर उसके सवाल, जो उसकी वफा पर होते हैं, उन्हीं भावों को दरशाती है मेरी यह कविता।]

मुझमें वफा अब भी है मौजूद,
मेरी उलझनों पर सवाल न कर,

यों सरेआम मुझे रुसवा करके
वफा के इतने बवाल मत कर,

ठोकरें मिली हैं जमाने से कई,
अब दिल का हाल बयां करूँ कैसे ?

बिना तुम्हारे जी रहा है कोई ऐसे,
तिल-तिल मरने की सजा दी हो किसी ने जैसे,

जीने की एक वजह
तेरा इंतजार है शायद,

दे के हौसला मुझे अब यों बेहाल न कर,
अब तू मेरी वफा पर सवाल न कर। □

तमाशा हरदम होता है

[हर इनसान सोचता है कि उसे उस जैसा ही कोई मिले, पर सोचा हुआ कहाँ होता है। ख्वाहिशें बेवफा होती हैं—एक पूरी हो तो दूसरी शुरू हो जाती है। रोज नए जख्म मिलते हैं। यहाँ कहाँ कोई अपना होता है। और आँख की नमी बयां करती रहती है हमारी बेबसी को। चंद लाइनें उसी बेबसी के नाम है।]

दर्दे दिल का कहाँ मरहम होता है,
मौत का तमाशा हरदम होता है,

मुझसा मिले कोई बस यह तमन्ना है,
सोचा हुआ दुनिया में कम होता है,

मिलते रहते यहाँ जख्म नए हरदम,
कहाँ प्यार का कोई मौसम होता है,

ख्वाहिशें बेवफा होती हैं अकसर,
पूरी हों कभी ऐसा कम होता है,

नम कर देती हैं आँखें यादें तेरी,
यही तमाशा अब बेमौसम होता है।

□

नन्हे कदम

[एक नई राह की खोज है 'नन्हे कदम'। कहते हैं न कि 'धीरे-धीरे रे मना, धीरे सबकुछ हो', इसलिए कुछ भी काम करें तो उसे जल्दबाजी में नहीं करना चाहिए, बल्कि कुछ छोटे कदमों से चलते हुए हौसले की उड़ान भरनी चाहिए। कर्म की ओर ध्यान देना चाहिए और फल की इच्छा ईश्वर पर छोड़ देनी चाहिए। बिना थके, बिना डरे हमें अपने कर्म-पथ पर चलते रहना चाहिए। एक दिन सफलता जरूर मिलेगी, यही उद्‌देश्य है मेरी इस कविता का।]

नन्हे कदमों से बढ़कर
अभी तो चलना सीखा है
दौड़ तो शिखर तक की है
अभी तो आसमां छूना बाकी है

गिरेंगे कई बार अभी
ठोकरें भी लगेंगी कई
जीवन-पथ की राह कठिन
फिर उठेंगे-सँभलेंगे

यह सोच रुक मत जाना
राह कठिन है इस पथ की
मंजिल दूर बहुत ही सही
मिलेगी तुझको रख सब्र

अभी तो सफर शुरू हुआ है
काँटें बहुत मिलेंगे पथ पर

बाधाएँ भी मुँह पसारेंगी
डट तू सँभल निरंतर पथ पर

तुम्हारा काम है चलते रहना
निरंतर–लगातार निश्छल
अनजाम चाहे कुछ भी हो
न थक तू, न डर तू

कर्म कर बस अब चल तू
दौड़ शिखर तक की है विजया
बस चल और बस चल तू
अभी आसमां छूना बाकी है, बस चल तू
बस चल तू!

□

नर से बढ़कर नारी है

[नारी को बहुत कोमल माना गया है, साथ ही नारी की भावनाएँ भी बहुत कोमल होती हैं। नारी का गुण है—सहती है तो सहती रहती है और अगर सहनशीलता की सीमा पार हो जाती है तो अपने प्रचंड रूप में भी आ सकती है। नारी जीवन के इन्हीं उतार-चढ़ाव वाले बहाव को दरशाती मेरी यह कविता उसे अपने अधिकार के लिए लड़ने की प्रेरणा देने का प्रयास करती है।]

नर से बढ़कर है नारी
दो मात्राओं से है भारी
फिर भी क्यों है बेचारी
पुलकित मन, हर्षित जीवन
जन सेवा में है समर्पित
नितदिन-प्रतिदिन-हर पल तेरा
दूसरों को ही है अर्पित
मान, स्वाभिमान, आत्मविश्वास
और विश्वास की तेज मूरत
फिर भी है तिरस्कार, उपेक्षा
और अपमान की ही सूरत
कर न्योछावर भूख, प्यास और निद्रा
अपने-अपनों की ही खातिर
निस्स्वार्थ, निरंतर, निश्छल
बहती नदी सा तेरा जीवन
युग बदले, समाज बदला
बदली एक बार को युग धारा भी
सिंहासन बदले, बदले राज-राजवाड़े

तेरा कुछ भी न बदला हे सरल मने
चाहे बदला विश्व सारा भी
कोमल तू, स्वभाव भी कोमल
ममता की मूरत, भोली सी सूरत
क्षमा ही है परम धर्म तेरा
मिले दुःख-दर्द सभी से तुझको
छुपाकर अश्रु अपनी आँखों से
कई बार यों ही मुसकराई भी
भूले बैठे हैं सभी शायद
तू ही दुर्गा, तू ही काली
तू ही माँ भवानी भी
तेरा पार है किसने पाया
तुझमें तो यह विश्व समाया
अब तो जागो हे युग पुरुष!
मिटाकर अपनी झूठे अहंकार की ज्वाला
कुछ तुम भी नेक शुरुआत करो
बरसों से जो न कर सके हो
आज कुछ तो नया वह काम करो
उतारकर अपनी दंभ की गठरी
बरसों है कुचला जिसको अबला समझ
झुककर उनका सम्मान करो
जिस कोख से जन्म लिया तुमने
और नर कहलाने का गर्व मिला
निज स्वार्थ छोड़ अब मुक्त करो उसे
गौरवान्वित होने की अब उसकी बारी है
हे मानव! नर से बढ़कर नारी है
एक नहीं दो-दो मात्राओं से भारी है
अब नहीं रही वह बेचारी है
अब नहीं रही वह बेचारी है।

□

नारी वेदना जीने का अधिकार

[हम कितने भी आधुनिक बन जाएँ, पर अभी इतने खुले विचारों के नहीं हुए हैं कि लड़कियों को लड़कों के बराबर समझ सकें। आज भी कन्या भ्रूण-हत्या होती है, औरत को मजबूर किया जाता है कि वह कन्या को जन्म न दे और अगर जन्म दे भी देती है तो मार दी जाती है, इस तरह की प्रवृत्ति समाज में अब भी है। अपनी कविता के माध्यम से एक क्रांति लाने की कोशिश की गई है, ताकि इस तरह की बुराइयों को समाप्त किया जा सके।]

टूटी कई बार और कई बार टूटकर जुड़ी
मन की पीड़ा थी, जो दबी कभी गहरी हुई
सुनी थी उसने वह दर्द भरी आवाज
बेचैन थी, मजबूर थी, टूटी थी आस
'मुझे जीने दो!' एक आवाज थी आई
अंतर्मन की वेदना आँखों ने छलकाई
अधिकार था उसका संसार में आना
मेरी कोख भी पूरी न वह देख पाई
निःशब्द-स्तब्ध खड़ी थी मैं
निर्जीव सी मानो पड़ी थी मैं
घृणा सी हो रही थी नारी होने पर
खुद को धिक्कार रही थी मैं
अचानक एक आवाज सी आई
मानो किसी ने जगाया हो सोते से
समय नहीं आँसू बहाने का

उठ और उठकर खड़ी हो पैरों पर
हवाओं का रुख बदलना है तुझे'
उलझनों में सहमी हुई थी मैं
क्यों यह संसार ऐसा है सोचकर
डरी सी थी मैं···
बात मेरी और मेरे जज्बातों की न थी
कहानी तो इनसानियत के दुश्मनों की थी
धड़कने से पहले धड़कनों को तोड़ने की थी
दर्द बढ़ता गया और नासूर बन गया
यही जुल्म न सहने का हौसला बन गया
अचानक एक आवाज ने चौंका दिया
'उठ जला मशाल क्रांति की
अब और नहीं सहना है तुझे
सदियों से ही सहती आई
हिम्मत कर उठ बन दबंग तू
देना है तुझे नन्ही कली को जन्म
जीने के अधिकार सभी
अब न कोई अत्यचार होगा
न कोई कोख उजाड़ी जाएगी
यह संकल्प कर न अब कोई आवाज आएगी—
मुझे जीने दो, मुझे जीने दो!
जीवन की फुलवारी अब उस
नन्ही कली से सँवारी जाएगी।'

□

कुछ तो नाम दीजिए

[यह कविता पुकार है उस अजन्मी बच्ची की, जिसे जन्म लेने से पहले ही मार देने का फैसला सुना दिया गया। एहसास है उस दर्द का, जिसे वस्तु समझकर फेंकने का फैसला हो गया। कटाक्ष है उस समाज पर, जो बेटियों के जन्म को अपमान का विषय मानता है। अपनी पहचान की खोज में यह अजन्मी बच्ची अपना हक माँग रही है।]

निर्बल हूँ, सबल हूँ
कुछ तो नाम दीजिए,

दर्द हूँ या दवा
कोई पहचान दीजिए,

युगों-युगों से हूँ बंद
अब तो प्राण दीजिए,

कर्ज नहीं, वस्तु नहीं
इनसानियत को मान दीजिए,

लिंग-भेद मूल नहीं,
मातृत्व पर ध्यान दीजिए,

मुझमें भी बसे हैं प्राण
मुझे जीवन-दान दीजिए।

क्षणिक खुशियों की खातिर
ईमान अपना बेचता जा रहा है आदमी,

वस्तु नहीं, धरोहर हूँ सम्मान की
मनु को यह ज्ञान दीजिए।

□

अभी रहने दो

[समाज में फैली बुराइयों को देखते हुए दिल में एक टीस सी उठती है और मन आहत हो उठता है। मन के भावों में एक अजीब़ सा द्वंद्व चल रहा होता है। इतनी अराजकता–अमानवीयता देखते हुए खुशी की बात करने का मन करता ही नहीं। अपने अंदर के इन्हीं भावों को शब्दों में पिरोने की एक छोटी सी कोशिश की गई है इस कविता के माध्यम से।]

दर्द घटता ही नहीं,
खुशी अभी रहने भी दो,

जख्म भरता ही नहीं,
मरहम अभी रहने भी दो,

मसला मजहब का सुलझता ही नहीं,
एकता की बात अभी रहने भी दो,

बेटियाँ यहाँ भय से मुक्त नहीं,
सुरक्षा की बात अभी रहने भी दो,

सरहद के मसले सुलझते नहीं,
अमन की बात अभी रहने भी दो,

जीवन मूल्य अब यहाँ नहीं,
मानवता की बात अभी रहने भी दो,

अहिंसा का पाठ कोई पढ़ता नहीं,
बापू की बात अभी रहने भी दो,

तिरंगे की लाज कोई रखता नहीं,
देशप्रेम की बात अभी रहने भी दो,

मेरी माँ के आँसू अब दिखते नहीं,
कर्ज वतन का भी अब रहने भी दो,

जख्म भरता ही नहीं,
मरहम अभी रहने भी दो,

दर्द घटता ही नहीं,
खुशी अभी रहने भी दो।

□

बदलते भाव

[तेज रफ्तार वाले जीवन में किसी के पास समय ही नहीं है कि वह बुजुर्ग लोगों को कुछ समय दे सके। वे आजकल के समय में केवल उस बेजान पुरानी कुरसी की तरह हैं, जिसे फेंकने का मन नहीं करता, इसलिए किसी कोने में रख दी जाती है, पर उस समय हम भूल जाते हैं कि हम सभी का चक्र एक ही है और हमें भी इस अवस्था में आना है। इन्हीं भावों की उथल-पुथल को बयां करती है यह कविता।]

वक्त किसके पास ठहरने को यहाँ
निर्बल-जर्जर बूढ़ी काया है अब
सबकी नजरों का काँटा हूँ, फिर भी
तजुरबे हैं जिंदगी के कुछ मेरे पास
समय किसी को सुनने का नहीं है
रुतबे बढ़ गए हैं यहाँ सबके
दिलों में फासले हो गए, साहब
सब बड़े हो गए अचानक और
हम छोटे ही रह गए, साहब
मशविरा फिर भी एक है मेरे पास
समझ सको तो सँभाल लो अपना कल
एक ही फासला तुम्हारे-मेरे दरमियां
कि तू मेरे बीते हुए कल की परछाईं है
मैं तेरे आनेवाले कल का प्रतिबिंब

सृष्टि का नियम यही पगले
जो हाल आज मेरा है, वही हाल कल तेरा है
रोक सके जो वक्त को
ऐसा न कभी हो पाएगा
कद तेरा भी छोटा होगा
तू भी यूँ ही पछताएगा।

□

जूठन

[गरीबी एक अभिशाप है और अमीरी वैभव की पहचान। जहाँ अमीरों को यहाँ खाना छोड़ना संपन्नता की निशानी है, वहीं गरीबों के लिए वही जूठन पेट भरने का साधन है। यह कटाक्ष है उन संपन्न लोगों पर, जो अपनी अमीरी में भूल जाते हैं कि अन्न का अनादर करने से देवता भी रूठ जाते हैं। अन्न का दाना भी किसी के जीने की तमन्ना को जगा सकता है। अन्न के एक दाने की महत्ता तो महाभारत में श्रीकृष्णजी ने भी बताई है। अन्न के अनादर के भाव को दर्शाती, कटाक्ष करती हुई सी है यह कविता।]

नहीं चाहिए
चाँदी की थाली
ना ही सोने की चम्मच
जूठन ही फेंक दो
पेट की आग
भूख की बेचैनी भर
मिटाने के लिए
बिन–बिनकर
चुन–चुनकर
खा लें
पेट भर जाए
तारों की
छाँवों तले
सो लें कुछ देर

फिर सुबह
होगा वही
किसी अमीर की
जूठन आएगी
बन कूड़े का ढेर
इसी उधेड़बुन
में बीत जाएगा जीवन
गरीब तो यों
ही सड़कों पर
पलते हैं जनाब!
ऐश तो सिर्फ
अमीरों की ही
है होती
हमारे लिए
बचता है
कुछ तो
जूठन और
कूड़े का ढेर।

□

शायद

[तेजी से आधुनिकता की चकाचौंध की ओर भागती जिंदगी की कहानी है मेरी यह कविता कि किस तरह से हमारे पुराने विचारों, खेलों इत्यादि को बदलकर व्यावसायिक कर दिया गया है। कवि-हृदय आहत हुआ इन परिवर्तनों से और मन की बात को पन्नों पर लिख दिया, शायद पढ़ने वाले मेरे प्रिय पाठक मेरी माँ की दशा पहचान सकें।]

बस्तों का बोझ बढ़ गया कंधों पर,
संस्कारों का वजन घट गया है शायद,

मेरे मालिक तेरे इस जहान में,
पैसा ही भगवान् हो गया है शायद,

गुरुकुल की गरिमा अब रही कहाँ,
कारोबार शिक्षा का हो गया शायद,

रहीं कहाँ अब यहाँ पाठशालाएँ,
नाम अब ट्यूशन सेंटर हो गया शायद,

खेलते-कूदते कभी खुली हवा में,
उसका भी नाम क्लब हो गया शायद,

नुक्कड़-नाटक, कहानियाँ दादी माँ की,
उनका भी नाम चलचित्र हो गया शायद,

बिना तार के जुड़े थे तार दिलों के,
उसका भी नाम मोबाइल हो गया शायद,

दूध, दही, छाँछ और मट्ठा कहाँ अब,
उसका भी नाम कोल्ड ड्रिंक हो गया शायद,

मिलती थीं सखियाँ, हँसी-ठिठोली करती थीं,
उसका भी नाम किट्टी पार्टी हो गया शायद,

मैं भी उलझी हूँ इन पुराने सवालों में,
मेरा भी नाम बैकवर्ड हो गया हो शायद,

बस्तों का बोझ बढ़ गया कंधों पर,
संस्कारों का वजन घट गया है शायद।

□

तकरार

[जीवन छोटी-छोटी नोक-झोंक, प्यार भरी तकरार ही तो है। समय के साथ-साथ हम इतने व्यस्त हो गए हैं कि अब कहाँ ये तकरारें होती हैं। इतना तनाव हो गया हमारे जीवन में कि अब सीधा झगड़ा ही होता है, मीठी नोक-झोंक के लिए आजकल समय ही नहीं है किसी के पास। अब न तो वो प्यार-मुहब्बतों की बातें और न ही आँगन के झूले, जहाँ मीठी झिड़कियों से प्यार बढ़ता था। खो गईं कहीं ये सब बातें, इस ओर ही एक इशारा करती हुई कविता है 'तकरार'।]

रोज यों ही तकरार
होती है हर किसी से,
दिल मिलते नहीं पर
बात होती है हर किसी से,
कुछ तुम कहो
मैं भी सुन लूँ कुछ,
मीठी सी तकरार हो
तुम मनाओ जो
रूठ जाऊँ मैं तो,
मैं मनाऊँ जो
तुम रूठो तो,
अब कहाँ ये तकरारें
होती हैं।

कहाँ वो मीठी नोक-झोंक
हँसी-ठिठोली रही साहब,
रोज टकराते हैं अहम्
रोज तकरारें होती हैं,
घूमते हैं सभी लिये
तरकश में तीर जहर के
अब कहाँ रोज बातें होती हैं,

मेरा-तेरा हो गया सब
हमारा रहा न कुछ,
मिथ्या है सब कलयुग में
अब कहाँ तकरारें होती हैं,

रूप बदल गया,
मायने बदल गए प्यार के,
कमरों की चुप्पी
शोर मचाती है राहों पर,
अब कहाँ वो
प्यार भरी बातें विजया,
रोज यों ही तकरार
होती है हर किसी से,
दिल मिलते नहीं पर
बात होती है हर किसी से।

□

अंध भक्ति

[सदियों से यह प्रथा चली आ रही है कि लोग अपनी आस्था और भक्ति से किसी को भी भगवान् बना देते हैं और अकसर वही भगवान् उनकी आस्था का खून कर देते हैं तथा उनकी कोमल भावनाओं के साथ खिलवाड़ करते हैं। भोली जनता इन धर्म के ठेकेदारों को भगवान् का दरजा दे देती है, परंतु ऐसी अंध भक्ति से उनकी भावनाएँ अंदर तक आहात हो जाती हैं। ऐसे ही लोगों पर एक व्यंग है यह कविता।]

कोई दे भूखे को रोटी
कोई खुद खा जाए सारा
अंध भक्तों की इस नगरी में
काना ले जाए यश सारा
समझकर भी बने अनजान
बंद हैं आँखें अभी भी उनकी
देखकर खेल ये सारा
हद तो तब हुई इस दीवानेपन की
कहने लगे जब उनकी तारीफ में
अंदाज अपना–अपना होता है
क्या हुआ, जो लूट लिया धन सारा
इज्जत–आबरू की तो बात ही क्या
झूठ–पाखंड सब सच लगते हैं उनको
ले तलवार उनकी खातिर सब
सड़कों पर उतरते हैं

जय हो ऐसे भक्तों की हे ईश्वर!
जो झूठ को सच समझते हैं
अंध भक्ति में ये हैवान को
भगवान् समझते हैं
जी दुखता है ऐसी दुनिया में विजया
चल अब कहीं दूर चलते हैं।

□

नकाब

[मतलबी इस दुनिया में हर आदमी एक झूठ का नकाब पहनकर घूम रहा है। हर एक की कोशिश है कि दूसरे को गिराकर कैसे वह ऊपर निकल जाए। हसीं चेहरे के पीछे कई राज गहराए रहते हैं और लोग मीठी-मीठी बातें करके आपको पीछे से छुरा घोंप देते हैं। कवि-हृदय दुखता है इन बातों से, इसलिए अपने आपको नजरबंद रखना चाहता है, और दुःख को छुपाने के लिए एक हँसी का नकाब ओढ़ लेता है।]

रखो सँभालकर हसरतें अपनी,
बिखरी कहीं तो लोग सजा देते हैं,
यह नई हवा का शहर है यहाँ तो लोग
अश्क जो दिखे तो नजरें बचा लेते हैं,
पर होंठों की हँसी तक चुरा लेते हैं,

खुदगरजों की यहाँ है सियासत,
असलियत छिपाने के लिए
लोग नकाब लगा लेते हैं,
एक चेहरे पर हैं यहाँ परतें कई,
मुस्कराकर ही यहाँ कत्ल की सजा देते हैं,

चलो अब लौट चलें
अपने पुराने घर की तरफ,
हम भी अपने जख्मों पर मरहम लगा,
गम की परछाईं छुपा लेते हैं,
कुछ नया आजमा लेते हैं,

चलो अब हम भी चेहरे पर
परतें चढ़ा लेते हैं,
खुद को ही विजया अब सजा देते हैं,
एक हँसी का नकाब पहन लेते हैं,
एक खुशी का नकाब लगा लेते हैं।

□

पेड़ की व्यथा

[प्रकृति की सुरक्षा की ओर एक कदम है यह कविता। एक व्यंग है कि पेड़ों को सुरक्षित रखा जाए, उनका व्यवसाय न बनाया जाए। पेड़ तो बिना किसी स्वार्थ के हमें फल देते हैं, छाया देते हैं और भी कई मौकों पर हमारे काम आते हैं। एक अर्जी है कि हम सब पेड़ के दर्द को समझें और संकल्प करें कि कभी पेड़ नहीं काटेंगे।]

काटकर जिस्म मेरा,
आज जो तुम इतराते हो,
सुन लो ऐ कम समझवाले,
आज गुमान है तुझे
मेरी बरबादी का,
कल मेरे ही बोझ तले
बेजान दबा होगा,
मुझसे सजते राज सिंहासन,
और सिंकती गरीब की रोटी भी,
मुझसे बनता भगवन् का पालना
और शवासन भी,
मुझमें नहीं भेद
अपने, पराए,
अमीरी और गरीबी का,
देता छाँव पथिक को

बिन जाने कुल-गोत्र और गाँव,
मेरा काम है
सेवा करना
दर्द मिले या घाव। □

नाम लिख दे

[आज-कल के स्वार्थी समय में कवि की इच्छा है कि जमाने भर के दुःख उसकी झोली में आ जाए और बाकी संसार खुशी-खुशी अपना जीवनयापन करे। इस आदर्श के साथ यह कविता मेरी भावनाओं का प्रतीक है।]

भर झोली सभी की
मेरे मालिक
मुफलिसी मेरे नाम लिख दे,

फूलों की चाह नहीं मुझे
तू काँटे मेरे नाम लिख दे,

शांति और अमन हो चारों ओर
तू बेचैनी मेरे नाम लिख दे,

बख्श गुनाह सभी के
गुनाहगार मेरा नाम लिख दे,

बस इतनी ही इल्तिजा है
मेरे मालिक!
तू रहमतें अपनी
विजया के नाम लिख दे।

□

वह बात कहाँ

[आज के जमाने में रिश्ते-नातों की कोई कीमत नहीं है, केवल मतलब के ही नाते होते हैं। अब कहाँ मिलती है चिट्ठी की सौंधी खुशबू, जिसमें जज्बात बसते थे। अब तो एक मैसेज डाल दो हाल-चाल पूछने के लिए, सिर्फ दिखावे के लिए, उसमें जज्बातों की वह भावना कहाँ, जो दिल को छू ले। उन्हीं पुरानी यादों को ताजा करतीं, आज के जीवन पर दुःख करतीं ये चंद लाइनें आपकी नजर में।]

सुंदर सी सुनहरी आँखों में
एक स्वप्न सुनहरा दिखता है,
वह बात कहाँ से आए अब
बस बीता जमाना लगता है।

रिश्ते बनते हैं फेसबुक पर
दिल व्हाट्सऐप पर ही लगता है,
खुशबू चिट्ठी की खोई है
वह ख्वाब सुहाना लगता है।

देखो दुनिया बाजार बनी
हर चीज यहाँ पर बिकती है,
बेचो गर अपने अरमानों को
खरीदार जमाना लगता है।

सँभल जरा मासूम से दिल
अपना कहकर न उलझ यहाँ,

अब रिश्तों में व्यापार मिले
कहने को जो अपना लगता है।

अब कहाँ रौनकें मुहल्ले की
कहाँ आँगन के झूले मस्ती,
खुशियाँ सजतीं दीवारों पर
घर सराय ठिकाना लगता है।

विचलित-बेचैन कोमल है हृदय
जो स्वप्न सुहाना ढूँढ़ रहा,
वह बात कहाँ अब है विजया
वह बीता जमाना लगता है।

□

एक ऐसी दीवाली हो

[एक ऐसी दीवाली की कल्पना करती है यह कविता, जिसमें अपने बचपन की दीवाली की झलक भी हो और रिश्तों की महत्ता भी हो, कविता, दोनों ही पुराने संबंधों की धरोहर को सँभालने की प्रतीक है। अहंकार को भस्म कर दे जो दीपों की लौ में और कोई भी किसी का बैरी न हो। एक ऐसी दीवाली की सार्थकता की आशा लिये यह कविता, जिसमें रिश्तों का भी महत्त्व हो तथा सभी अपने साथ हों। और यदि अपनों का साथ हो तो रोज ही दशहरा और दीवाली होती है।]

एक ऐसी भी दीवाली हो
हाथों में दीपों से भरी थाली हो
बचपन की कुछ यादें हों
पुरानी वो बातें हों
घर की दीवारों को रँगवाएँ
स्वच्छ भारत की तसवीर दिखलाएँ
छत पर मिट्टी का एक घर बनाएँ
फिर उसे खूब सजाएँ
उसमें एक दीप विश्वास का जलाएँ
खील, बताशों की थाली ले
अपनी संस्कृति की बच्चों को
एक झलक दिखलाएँ
अपने बचपन को लौटा लाएँ
अँधेरा जो दिलों में है

पहले उस तम को मिटाएँ
दिल न जले किसी का
मिलकर आपसी बैर भुलाएँ
फिर आँगन में दीप जलाएँ
मेरा–तेरा न हो कुछ
हो नाश बुराइयों का
अंहकार का अंधकार भागे
हर घर दीप जले खुशियों का
प्रेम का प्रकाश फैले दिलों में
कालरात्रि के बाद
एक उजला सबेरा हो
दीप से दीप जले
चहुँओर खुशहाली हो
विजया की अर्ज यही
एक ऐसी दीवाली हो,
एक ऐसी दीवाली हो।

□

रिश्ते

[जैसा मैंने पहले भी कहा कि अपने साथ हों तो रोज ही त्योहार है, इसलिए रिश्ते प्यार और मुहब्बत से निभाए जाएँ तो जीवन स्वर्ग से कम नहीं, भाव इन पंक्तियों में प्रस्तुत है।]

रिश्तों में मिठास रहे
अपने हरदम पास रहें
कोई न उदास रहे
चारों ओर खुशहाली रहे
बदले का न भाव रहे
दिल गम से न भरा रहे
जेब खाली हो तो गम न कर
घर कभी रिश्तों से खाली न रहे
मेरी वजह से दिल न दुखे किसी का
यह बात रोज ताजी रहे
त्योहार तो हर वर्ष आते हैं मगर
अपने साथ हों तो क्या बाता है
रोज ही दशहरा और दीपावली रहे।

□

हिंदी हूँ मैं

[इस कविता में मेरे दिल की पुकार है। पाश्चात्य की होड़ में हिंदी की जो दुर्दशा हुई है और किस तरह से बेचैन बेबस है आज हिंदी, उसको दिखाने की कोशिश की है। हिंदुस्तान में आज भी हिंदी को वह मान नहीं मिल पाया, जिसकी वह हकदार है। अगर हम अभी भी सँभल जाएँ तो हिंदी को वह खोया मान-सम्मान मिल सकता है। उसी की एक छोटी सी कोशिश की है मैंने।]

सिसकियों की आवाज से
सहसा चौंक उठी मैं
अंतर्मन में एक द्वंद्व उठा
किसकी वेदना पिघल रही है यह
कौन आज फिर आहत हुआ होगा
मन की दुविधा जिज्ञासा में बदली
सत्य जानने को विचलित मैं
उस ओर चल पड़ी
सहसा ठिठक सी गई देख
जर्जर हालात, मुरझाया धुँधलाया सा वजूद
हिम्मत जुटाकर पूछ ही लिया एक सवाल
'कौन हो तुम ? और इस दशा मैं कैसे ?'
सुनकर उसकी पीड़ा
मन अंदर तक दहल गया
उसने जब अपनी दुर्बल, परंतु सधी वाणी से बोला—
'बरसों हुए दर्द को झेलते हुए

भूल गए तुम सभी मुझको
मैंने ही तुमको शब्द दिए, स्वप्न दिए
संगीत दिया और भाव दिए
माँ से बोलने को तुतलाता स्वर दिया
मुझसे ही निखरा बचपन तुम्हारा
मैंने ही तुम्हें प्रीत का पाठ पढ़ाया
मैंने ही विरह के गान दिए
मेरे ही बोली से तुमने भगवत् भजन
और अल्लाह का नाम लिया
मैं ही क्रांति की चिनगारी थी
मुझसे ही आजादी का बिगुल बजा
हर धड़कन पर मेरा ही था नाम सजा
मैं भी राज दुलारी थी कभी
तुम सबको बहुत ही प्यारी थी कभी
मैं ही भाव, मैं ही शब्द
मैं ही रंग तिरंगे का
मैं ही जनमानस की आवाज भी
मैं ही मूक स्वर भूखे-नंगों का
मैं ही सार कबीर का थी
मैं ही थी तुलसी की वाणी भी
कवियों के सागर की भी मैं गागर
मुझसे ही गाथाओं को जीवन मिला
तिरस्कार और अपमान के दर्द से
अपने ही घर में आज नजरबंद हूँ मैं
सदियों से पिछड़ी
अपने ही अस्तित्व की खोज में
खून के आँसू उस दिन खूब रोई थी
मेरे ही बच्चों की जुबान पर

जिस दिन परदेशी बोली थी
भूल गए मेरे ही अपने मुझे
आज मैं अपनी ही चौखट के बहार खड़ी
लाखों लालों की माई
क्यों आज असहाय पड़ी
हिंद की लाड़ली बेटी
हिंदी हूँ मैं वतन मेरा हिंदुस्तान
राष्ट्रभाषा और राजभाषा का मुझे मान
फिर भी कहीं न मिला आदर और सम्मान
करबद्ध विनती है आज सभी विद्वानों से
परिचय करा दो मेरा
सभी बच्चे, बूढ़े और जवानों से
जनमानस की आवाज कहलाऊँ
हर जुबान पर फिर सँवारी जाऊँ
हिंदी पखवाड़े में ही नहीं
पूरा वर्ष सबको याद आऊँ
राष्ट्र के माथे की बिंदी
हिंदी हूँ मैं हिंदुस्तान वतन मेरा
बन तिरंगे की शान मैं सदा इठलाऊँ,
बन तिरंगे की शान मैं सदा इठलाऊँ।'

□

हिंदी

[हिंदी भाषा के सम्मान की दृष्टि से कुछ पंक्तियाँ प्रस्तुत हैं।]

बरसों जकड़ा गुलामी की जंजीरों ने जिसे,
उस पर अब आजादी का मान होना चाहिए,
देवनागरी लिपि का भी व्याख्यान होना चाहिए,
अपनी हिंदी का भी सदा सम्मान होना चाहिए।

बड़े और छोटे का भेद नहीं इस भाषा में,
सबको है मिला समान व्यवहार यहाँ,
एक-से-एक मिले मात्रा जज्बातों का खेल यहाँ,
आधे को देने सहारा पूरा अक्षर तैनात खड़ा,
मेरी हिंदी की तो बात ही निराली होनी चाहिए,
बच्चे-बच्चे को इस भाषा पर अभिमान होना चाहिए।

देवनागरी लिपि का भी व्याख्यान होना चाहिए,
अपनी हिंदी का भी सदा सम्मान होना चाहिए।

□

तिरंगा मेरा साँवरिया

['हृदय नहीं पत्थर है, जिसमें स्वदेश का प्यार नहीं' और फिर जब तिरंगे को ही मीरा की तरह अपना साँवरिया बना दिया हो तो बात ही क्या! अपने देशप्रेम की भावना को मैंने इन पंक्तियों में व्यक्त करने की एक छोटी सी कोशिश की है। यों तो देशप्रेम में शब्द कम पड़ जाते हैं, फिर भी अपने अनन्य प्रेम को शब्दों में बाँधने की एक कोशिश है यह कविता।]

देशप्रेम की ओढ़ चुनरिया
केसरिया रंग हृदय बसा है
हिंद आज मेरा साँवरिया
तन-मन कर न्योछावर अपना
हे री, मैं तो तिरंगे की हो ली
झाँसी की रानी बनकर मैं
करूँ समर्पित जीवन अपना
जोगन सा है रंग साहसी
केसरिया प्रिय रंग भारती
रंग सफेद पवित्र कहलाता
हम सबकी पहचान बढ़ाता
हरा रंग है रंग सुहागन
चूड़ी में भर हाथ सजाऊँ
नील गगन बिंदी माथे धर
करूँ प्रेम सगाई तुझ संग
फिर इठलाऊँ तीन रंग-संग

तीन रंग पहचान मेरी है
तीन रंग ही शान मेरी अब
तीन रंग···तन मिट्टी मेरी
तीन रंग ही आन मेरी है
तीन रंग रँगा मेरा जीवन
तीन रंग अभिमान मेरा है
ओढ़ तिरंगा तन में चुनरिया
झूम रही मैं हो बावरिया
हे री, मैं तो केसरिया जोगन हो ली
मैं तो तिरंगे की हो ली।

□

कोमल बचपन

[एक कन्या की कहानी, उसके बचपन के सपने, उसकी सोच की क्या सोचती है ? वह कैसे अपने अंतर्द्वंद्व को बताती है कि क्या है वह और क्यों उसे कुरबानी देनी है ? कुछ प्रश्न करती अपने आप से और कुछ संकल्प लेती है, इसी अंतर्द्वंद्व को उजागर करती यह कविता।]

कोमल बचपन शीतल चित्त
अपनी ही परछाईं से अनभिज्ञ
नए आयाम की खोज में
ढूँढ़ रही है, वो भाव यहाँ
गतिमान जीवन को कर
स्थिर कुछ समय के लिए
ऊँची उठती लहरों सी भरे उड़ान
दे बुलंदी का मुकाम अपने जीवन को

तपते सूरज की रौशनी में
करती संयमित अपनी भावना
जीवन-नाव को देती एक आयाम
उठते-पड़ते बहाव के बीच
कर्मठ, शांत चित्त, गुमसुम सी
निहारती रहती वह अपना बचपन

चूल्हा-चौका ही तो नहीं खाली धेय
क्या बनी सिर्फ भोगने के लिए यह देह

क्यों मैं भी परंपरा का निर्वाह करूँ
क्यों सयानी बिटिया बन दूँ कुरबानी
उठने की कोशिश करूँ तो एक बार
क्यों बनी रहूँ बेसहारा अबला बेचारी
सँवार बचपन अपना क्यों न बन जाऊँ
बहनों की प्यारी, सबकी राज दुलारी
दिव्य देवकन्या बन मन हो निश्छल।

□

एक ख्वाहिश

[हर व्यक्ति यौवन अवस्था में एक प्रेमी की कल्पना करता है। सभी को यह सौभाग्य प्राप्त नहीं होता, कुछ पा लेते हैं, कुछ वंचित रह जाते हैं और कुछ समय बाद कैसा महसूस करते हैं, उसी को उल्लेखित करती कुछ पंक्तियाँ हैं।]

सुनो आज बरसा है सावन
सूखे पत्ते भी खिल उठे हैं
यौवन की चमक से परिपूर्ण
जड़ संचित करती है शाखाओं को
डाली-डाली मदमस्त झूम उठी
मेरे मन के इस सूनेपन में भी
फिर उमंग सी जाग उठी है
जरा नाराज भी हूँ कहीं
जो कल बरस जाते तो क्या जाता
मैं भी सर्वस्व भिगाकर अपना
कुछ पल को थिरक लेती
जवानी की मदमस्त हवा में
चल रही हूँ, मगर थक सी गई हूँ अब
मंजिल की तलाश करते-करते
ठिठक सी गई हूँ कहीं अब
कुछ बोझ जिमेदारियों का है

कुछ मैं बिखर गई हूँ अब
चलो अब तो चला जाए
उस मुकाम की राह पर
लौटकर कोई जहाँ से आता ही नहीं
अंनत सुख और एक छोटी सी ख्वाहिश।

□

तेरी याद

[प्यार एक पवित्र बंधन है, जो दो दिलों का मेल है। केवल पाना ही प्यार नहीं, खोकर भी किसी की यादों में जिंदा रहना और किसी को याद करना ही प्यार है। और जब डूब कर उन यादों का आनंद लिया जाए तो बात ही क्या, फिर दिन-समय का पता ही नहीं चलता। मीठी यादें जीवन में एक रस भर देती हैं और कैसे हमें फिर से प्रफुल्लित कर देती हैं, उसकी एक झलक है यह कविता।]

दर्पण से झाँके जब अतीत
आई तेरी यादों की ठंडी फुहार
छनती है दरकती धूप से वह
मीठी भीनी सी खुशबू ले
संग-साथ पुराने लम्हें हैं
कुछ साथ लिये जीवन के गीत
प्रणय में उलझी अलसायी सी
बिछड़े पल की परछाईं सी
कुछ नहीं, परंतु बहुत कुछ है
तेरी मुसकानें मुरझाई सी
मनमीत पुराने गीत सुनो
अब जा बैठे हैं सपनों में
फिर याद तुम्हारी आई है
बन बसंत बहार की वह बयार
मन मस्त-मगन हो झूम उठा

मयूर सा थिरके पंख खोल
मुरझाई इन आँखों में
नन्ही कोपल एक फिर जन्मी
आह्लादित कर ही गया फिर से
इक वह अतीत और एक तेरी याद।

□

फिर वही दर्द

[कहते हैं सवेंदशील इनसान को चोट बहुत जल्दी लगती है और दुनिया से मिले दर्द, जब वे सँभाल नहीं पाते तो कहीं कविता बनकर वह दर्द बहने लगता है। कहीं–न–कहीं कवि ह्रदय इस दर्द को शब्दों में ढालकर हलका महसूस करता है। वही पुराना दर्द एक नए अंदाज में प्रस्तुत है।]

कोई मोल नहीं उन रिश्तों में
मेरा दर्द जो हद से गुजर गया,
अनमोल रहा होगा शायद
जो बाजारों से गुजर गया।

फिर लाऊँ ढूँढ़ कहीं से मैं
इक गम जो महँगा न हो,
एक था जो बहुत अजीज कभी
लो अब वह दिल से उतर गया।

था मेला बेशर्मी का यहाँ
हर कोई हद से गुजर गया,
मेरी चाहत थी बेमोल कहीं
सपना बनकर सब बिखर गया।

संकल्प करूँ कुछ नया सोच
नव वर्ष में लेकर उम्मीदें ,
पर हाय, तमाशा सा जीवन
एक साल था फिर से गुजर गया।

आशाओं का ओढ़ लिहाफ
कड़वी यादों की छोड़ लड़ी,
चल नई खोज में तू 'विजया'
था जो बुरा वक्त वह गुजर गया। □

बाल-मन

[बाल-मन बहुत ही चंचल होता है, एक जगह नहीं टिकता, कभी कुछ करने को मन तो कभी कुछ और करने को। पग तो छोटे होते हैं, पर चाहत होती है हनुमानजी की तरह सूर्य को छूने की। हर इनसान की यही तमन्ना होती है कि यह बालक ऊँची उड़ान भरे, जीवन सूर्य की स्वर्णिम चमक की तरह चमके, इसी भाव को चंद लाइनों में वर्णित करने की एक कोशिश है।]

चंचल बाल-मन
है हठी बहुत
पाँव पड़ते नहीं जमीं पर
छूने को आसमान खड़ा

उत्साह भरा है जोश
निश्चय पर अडिग बहुत
उगते सूर्य की स्वर्णिम आभा को
पकड़ने को तत्पर हठी बाल-मन

ठहरे पानी सा शांत हो कभी
कभी चंचल बहुत हो तुम
क्रीड़ा का गेंद समीप तुम्हारे
पर रवि संग खेलने को मन

उच्च आशाओं सी
ऊँचे उठते तुम्हारे पग

लेकर देखो जाए कहाँ
ऊँची-लंबी है जब डगर

चमके उज्ज्वल बन जीवन
स्वर्णिम जैसे गगन
शांत जल सी तमन्ना
पूरी हो बन सतरंगी इंद्रधनुष।

ख्वाहिशों के रंग

[ये वो रंग हैं, जो हर नारी मन अपने जीवन में भरना चाहती हैं, पर बढ़ती जिम्मेदारियों के कारण ये ख्वाहिशें कहीं-न-कहीं भविष्य के गर्भ में दबी रह जाती हैं और जब पता चलता है कि कहीं कुछ छूट गया है, तब तक देर हो चुकी होती है। यह उम्र का वह पड़ाव होता है, जहाँ अब सब ख्वाहिशें दम तोड़ चुकी होती हैं, सिवाय एक के कि कोई तो ऐसा हो, जो उसे प्यार, मान-सम्मान दे सके, वही भाव दिखाती ये कुछ पंक्तियाँ।]

बरसों से जंग लगे ताले में बंद
ख्वाहिशों के बक्से को जब खोला
जाने कितने अरमान दफन थे उसमें
कुछ बचपन की अधूरी ठिठोलियाँ थीं
कहीं जवानी के ख्वाबों के अधूरे किस्से
माँ के दर्द की कही अधूरी कहानी भी थी वहीं कहीं
जीवन के अनछुए पहलू थे
वहीं कहीं मिली मेरी आरजुओं की किताब
जाने कितने किस्से आस लगाए बैठे थे
कहीं चंचल-शोख हँसी के रंग बिखरे थे
वहीं-कहीं थी मेरी खुशियों की चाबी भी शायद
मुरझाई सी एक आस भी पास ही थी
और वहीं कहीं थी एक मुस्कान मेरे दर्द की
जिंदगी के रंग भरे थे खूब कभी इसमें
और जिंदगी यों ही खाली गुजर रही थी

बेरंग होते रिश्तों में रंग तलाशती जिंदगी
बंद जंग लगे ताले में कहीं सिमट रही थी
उम्मीद का दामन अभी भी छूटा नहीं था
कोई आकर भर देगा खुशी का रंग बंद बक्से में
सतरंगी महकेगा उस दिन जीवन फिर
मुकम्मल पड़ाव में विजया मुस्कुराएगी जिंदगी फिर।

□

वो किसान

[हमारे देश में किसान की क्या दशा है, वही बताने की एक कोशिश है यह कविता कि किस तरह उसके जान की बाजी उसकी फसल पर लगी होती है, यहाँ तक कि उसका हर काम मोहताज है कि उसकी फसल अच्छी हो। कितनी बड़ी विडंबना है कि जो हमारे लिए अन्न उगाते हैं, उनका अपना जीवन ही सुरक्षित नहीं है, यही मनोदशा चंद पंक्तियों में आपके समक्ष है।]

सूखी खेती में फूटती नन्ही कोपलें
किसान की जान है, निर्बल का प्राण है
इस बार आस है भरपेट भोजन की उसको
बेजान आँखों में है चमक एक नई सी
तमन्ना यही की सूखे की न हो मार इस बार
मिट्टी उगले सोना एक बार सुन पुकार
खुदकुशी से दूर घर की मरम्मत ही हो जाए
कुछ काम जो बचे हैं पूरा करने की उम्मीद में
खेतों में ही बैठे हैं चारों पहर देते पहरा
परवाह किसे है लू के थपेड़ों की
और बदन चीरती भयावह गरमी की
ठंड में पैबंद लगे कपड़ों में ठिठुरने की
एक ही विचार है, एक ही खयाल है
एक ही आस मन-मानस पर छाई है
सूखी खेती लहलहाए एक बार फिर
बेजान शरीर में जान आए एक बार फिर।

□

सीढ़ियाँ

[सीढ़ियाँ, जहाँ कभी किसी का ध्यान ही नहीं गया कि कितना कष्ट सह कर वह पथिक को मंजिल तक पहुँचा देती है, फिर भी मुस्कराकर अडिग वहीं रहती हैं। सहना ही उनकी नियति है और सहती ही रहती हैं। सीढ़ियों को मान देती मेरी ये पंक्तियाँ सीढ़ियों को समर्पित है।]

तुम पथ की वो पहचान
जो पहुँचा देती राही को मंजिल तक
सीधी, कभी लचकदार हो तुम
गोल-गोल भी कभी घुमा देती राही को
निरंतर चलते तुम पर धप-धप सभी
सहती रहती तुम चुपचाप अनकहे
जाने कितने पदचिह्न हैं तुम पर
कितनी ही यादों की छापें हैं दिल पर
कुछ वो जो रोज चले तुम पर अधिकारवश
कुछ बनकर आए किसी का मेहमान
कुछ वो भी जो फिर लौट के न आए
तुम तो मूक दृष्टि जमाए रही बैठी वहीं
देखती रहती केवल हलचल कई
कितने अरमान तुम्हारे रौंदे गए होंगे
तुम अटल-अडिग पथ पर सैनिक सी तैनात
देती सबको राह चलने की हरदम-प्रतिक्षण
सहती चली जातीं अनगिनत बोझ की थापें

तुमसे गुजरा हर राही पाता अपनी मंजिल
तुम वहीं रह जाती सहती निरंतर धूल-मिट्टी
ओह, तुम भी तो स्त्रीलिंग हो प्यारी सखी
यह तो है फिर नियति बन गई तुम्हारी भी
अपने दर्द से बेखबर हो रहना और सहना
सबको हरदम दे खुशियों की सौगात
पहुँचाना बेझिझक उनकी मंजिल तक
जिम्मेदारी तुम्हारी ही है प्यारी सखी
क्योंकि सहने में तू भी तो एक नारी है
निस्स्वार्थ सेवा की हरपल तेरी ही बारी है।

□

कहाँ खो गया

[मतलबी दुनिया में धीरे-धीरे हम अपने सभी रिश्ते खोते जा रहे हैं। सबकुछ पीछे छूटता जा रहा है, बचा है तो केवल खालीपन और कुछ यादें। कवि-हृदय काफी कोमल होता है, कहीं-न-कहीं ये सब उसकी कल्पना के परे होते हैं और उसका दिल आहत हो उठता है। वह वापस अपने में ही मगन रहना चाहता है, इन्हीं भावों को यहाँ दरशाने का एक प्रयास किया गया है।]

मीत हमसे पुराना कहाँ खो गया,
साथ गुजरा जमाना कहाँ खो गया!

मजहबी रार में खो गया प्यार अब,
था वह कितना सुहाना कहाँ खो गया!

जिंदगी में बढ़ी ऐसी मसरूफियत,
संग हँसना-हँसाना कहाँ खो गया!

याद बचपन की कितनी थी अनमोल सी,
कीमती था खजाना कहाँ खो गया!

दिल दुखे क्यों किसी का किसी बात पर,
दिल से रिश्ता निभाना कहाँ खो गया!

ढूँढ़ते क्या पुरानी किताबों में अब,
फूल सूखा पुराना कहाँ खो गया!

लौट चलें विजया अपनी ही खोली में,
चाहतों का ठिकाना कहाँ खो गया! □

प्रिय पथिक

[प्रेम कितना पवित्र है, यही भाव बताती है यह कविता। प्रेम, समर्पण, प्यार, मनुहार—सभी का परिचय देती पूर्णतया प्रेमी को समर्पित कविता की नायिका अपने आपको प्रिय से ही संपूर्ण मानती है और हर हाल में अपने प्रेमी का साथ ही चाहती है, उसके लिए उम्र भर भी उसका इंतजार करने को तैयार है। एक रोचक प्रेम-प्रसंग का व्याख्यान करने की कोशिश है।]

प्रिय पथिक बन आना
बिछ जाऊँ राह पर बन चादर
मन चंचल खींचता तुम्हारी ओर
तुम छलिया बन मोह लेते चितचोर
बँधी जो डोर तुम से ही है अब
नहीं लगती मुझको मात्र संयोग
अब तो एक बार कह दो मुझसे
नहीं जाना तुमको अब कहीं और
बाँह पसारे पलकें बिछाए
ताकती रहूँ राह में उम्र भर
आ जाना तुम भी रस बन
खिल जाऊँ मैं भी तुम संग
बने पथिक हम दोनों एक राह के
लिपटी लता हो ज्यों वृक्ष संग
सपने साकार हो जाएँ सभी
मिले हमको पुण्य, सभी फल।

□

उस पार

[कहते हैं कि प्रेम में इंतजार का अपना ही अलग मजा है। परंतु अगर यह इंतजार हद से ज्यादा हो जाए तो मजा न होकर सजा हो जाता है। हमारी कविता की नायिका बहुत बेचैन होकर प्रेमी का इंतजार करती है, मनुहार करती है और थककर अपने प्रेमी की एक 'हाँ' का इंतजार करती है। वह किस तरह भावनाओं को अभिव्यक्त करती होगी या कैसी महसूस करती होगी, को बताने की एक छोटी सी कोशिश है यह कविता।]

क्षितिज के उस पार तुम
सन्नाटा सा इस पार प्रिय
विचलित है मन बहुत
जाने को उस पार प्रिय
वंदन वार श्रृंगार सज्जित
नहीं बस तेरी एक हाँ प्रिय
शोर बहुत है उस पार
इस पार कहाँ मैं शांत प्रिय
बँटी दो किनारों में जिंदगी
मैं इस पार, तू उस पार प्रिय
बज उठे मन वीणा के तार
एक बार कर लो जो पुकार प्रिय
भीतर है उदासी गहराई
बन प्रेम फुहार बरसो प्रिय
दहलीज पर है रखा उम्मीद का दीया

आकर तो जला दो प्रिय
छोड़ दो रूठना और मनाना
अब नहीं होती है मनुहार प्रिय
मिल जाए जो दो किनारे
जीवन हो बहार प्रिय
मुझको चाहिए बस तेरी एक हाँ प्रिय,
मुझको चाहिए बस तेरी एक हाँ प्रिय।

□

मुहब्बत

[मुहब्बत उस प्रेम की कहानी है, जो प्रेम तो करते हैं, पर जमाने से छुपाना चाहते हैं, खुलकर सामने नहीं आना चाहते, पर प्रेम तो वह खुशबू है, जो सात परदों से भी निकलकर महकती है। कहते हैं न कि इश्क और मुश्क छुपाए नहीं छुपते। पर प्रेमी प्रेम भी करना चाहता है और दामन पर कोई छीटें भी नहीं चाहता, यानी प्रेम नहीं, चोरी हो जैसे, उसी से आहत साथी की एक कहानी है यह गजल।]

बरसों से है उनसे बेपनाह मुहब्बत
वे उसे अब जमाने से छुपाना चाहते हैं

आजमा कर यों मेरी वफा को
सिर मेरा झुकना चाहते हैं

नफरत पले दिलों में कहने को मुस्कुराहट
नजरें जहाँ तलक हैं दिखता यह नजारा है

रहती है नमी हरदम आँखों में उदासी है
हमको पलट किसी ने अब तक न है पुकारा

दाग बहुतेरे लगे हैं इस दिल पर
अब क्यों कोई इन्हें मिटाना चाहते हैं।

□

मन

[मन बहुत ही चंचल होता है, जो कभी एक जगह टिकना ही नहीं चाहता, और न ही उसे किसी की दासता पसंद है। अंदर की सभी गाँठें खोल यह वैरागी मन स्वच्छंद आसमान में विचरण करना चाहता है। मन की इसी भावना व चंचलता को शब्दों में बाँधने का एक प्रयास करती कुछ पंक्तियाँ हैं।]

मन दर्पण
खोलता कई परतें
विचलित होता
कभी रहता ठहरा
सपने पलते-बनते
कई अरमान जगाते
हाँ और न के बीच
खेलती-पलती कुछ आशाएँ
चंचल मन बावला
खोल सभी गाँठें
लगा पंख ऊँचा उड़ने को
करता जुगत हजार
वैरागी है मन
स्वच्छंद बहुत
करते रहते हैं बातें
अपने ही भीतर बार-बार

मन दर्पण विजया
है चंचल बहुत
नहीं ठहरता-रुकता कहीं
जतन करो चाहे कितनी बार। □

दर्दे दिल

[जिसने भी प्यार किया, एक दर्द इनाम लिया, यही दस्तूर सदियों से चला आ रहा है। कभी किसी को मुकम्मल जहाँ नहीं मिलता। वही अधूरेपन का दर्द शब्दों में पिघलकर आ जाता है कि कहीं तो सुकून मिले, चाहे फिर इंतजार उम्र भर का ही क्यों न हो, दम निकल जाए, पर इंतजार का भ्रम बना रहे, ऐसी ही कुछ पंक्तियाँ पेश हैं इस कविता में।]

बदल जाएगा रुख–ए–हवा देखना,
मेरे साथ चल कुछ कदम देखना,
चिरागों में ही तो छिपी रोशनी है,
जलाकर जरा तुम इन्हें देखना।

हुस्न को इश्क से तौल मत देखना,
दिल धड़कता हमारा भी है देखना,
दुकानों में क्या तुम तलाशो नया,
पुराने भी खँडहर कभी देखना।

इन आँखों ने देखीं बहारें कई,
कहें कैसे अब कुछ नहीं देखना,
आ भी जाओ सावन में अबके सनम,
आँखें बरसेंगी जमकर बहुत देखना।

है मुश्किल बहुत जाना अब लौटकर,
यह मुश्किल डगर इश्क की देखना,
भटक जाऊँ न राहों में हमदम कहीं,
दम चौखट पे निकले तेरी देखना।

□

बचपन

[बचपन सबसे सुहाना होता है—दुनिया की चालाकियों से बेखबर अपने में गुम। एक प्यारा सा एहसास है बचपन। सच मानें तो जिसने जी लिया बचपन, उसने सबकुछ जी लिया। नन्ही-नन्ही शरारतें, उन्मुक्त हँसी, अहा क्या खूब दिन होते हैं! मेरी मानें तो हमें अपना बचपन खोना नहीं चाहिए। हर आदमी के अंदर एक बच्चा छुपा होता है, उसे बाहर निकालें तो हो सकता है कि जीवन खुशनुमा हो जाए।]

भुलाए नहीं भूलती मुझे मेरे बचपन की यादें
बहुत याद आती हैं मुझको बचपन की वो छोटी-छोटी बातें
न चिंता किसी चीज की, न भय, न डर
वो चित्त प्रसन्न वो मुक्त हो स्वछंद घूमना
छोटी-छोटी फिर वो शरारतें करना
फिर छुप-छुपकर खुद ही चुपके-चुपके हँसना
स्कूल के बहार बूढ़ी अम्माँ का छोटा सा ठेला
उसमें इमली की खट्टी-मीठी सी वो गोली
कहती हो जैसे तू तो है बहुत भोली
चिड़ियों सा चहकना, बादलों सा उड़ना
बहता हो जैसे दूर कहीं निर्झर सा झरना
स्टापू की टॉप पर उछलना और कूदना
रस्सी पकड़कर सखियों से बारी के लिए लड़ना
कभी लास्टिक तो कभी लँगड़ी टाँग
कभी पिट्ठू, कभी लट्टू, कभी कंचे भी बुलाते हैं

मेरे बचपन के दिन मुझे बहुत याद आते हैं
सहेली की चोटी खींच भागना
फिर खिलखिलाकर जोर से हँसना
वो निष्कपट हँसी और चंचल मन
याद दिलाता है मेरा प्यारा बचपन
जहाँ पैसों का न था कोई चक्कर
न रोटी ही कि कोई फिकर
छूट गईं कहीं वो सुनहरी यादें
मुस्कराता बचपन और जवानी की कड़वी बातें
ढलती उम्र है अब और कहानी सी यादें
याद आती हैं मुझको बचपन की वो छोटी-छोटी बातें,
याद आती हैं मुझको बचपन की वो छोटी-छोटी बातें।

□

डर लगता है

[जहाँ बचपन बहुत सुहाना होता है, वहीं बुढ़ापा बहुत डराने लगता है और फिर इस डर में कैसे-कैसे विचार आते हैं, यही दिखाने का एक प्रयास है मेरा। आज के समाज में जहाँ वृद्धाश्रम का चलन बढ़ गया है और बच्चों के पास अपने बुजुर्गों के लिए समय ही नहीं है, ऐसे समय में यह डर स्वाभाविक भी है।]

अचानक से वह आया मेरे पास
छुपा लो तुम मुझे कहीं
डर लगता है मुझे इसके आने से
डर लगता है उस अकेलेपन से

डर लगता है मुझे ठुकराए जाने से
डर लगता है अपनों के दुत्कारे जाने से
डर लगता है काँपते हाथों से
डर लगता है भैया जर-जर काया से

डर लगता है दवाइयों के बक्से से
डर लगता है नकारे जाने से
डर लगता है झुर्रियों के आने से
डर लगता है बेबसी और लाचारी से

डर लगता है अंधकार के आने से
डर लगता है घरवालों के तानों से
डर लगता है अपनों के बेगानेपन से
डर लगता है शून्य ताकती आँखों से

डर लगता है अपने ही अस्तित्व से
डर लगता है अनगिनत परछाइयों से
डर लगता है मानव मूल्यों के खो जाने से
डर लगता है वृद्धाश्रम जाने से

मुझे छुपा लो कहीं मेरे वर्तमान
मुझे डर लगता है तेरे आने से,
मुझे छुपा लो कहीं
मुझे डर लगता है तेरे आने से।
(बुढ़ापा एक सर्वविदित सत्य!)

अंतिम सत्य

[इन्सान अपने जीवन में बहुत ज्यादा मेरा-तेरा करता है। सारी उम्र तीन-तेरह के चक्कर में फँसा रहता है। भूल जाता है कि सब यहीं छूट जाना है और अंत में केवल खाली हाथ ही जाना है। जीवन का बस इतना ही सफर है—घर से मरघट तक, बाकी सब मिथ्या है। कोई भी अपना नहीं है, सब मोहमाया है। अंत में तो अपना शरीर भी साथ नहीं देता। फिर क्यों इनसान मेरा-तेरा करता है, यही सत्य इन पंक्तियों में बताने की एक छोटी सी कोशिश है मेरी।]

निर्जीव पार्थिव शरीर, चारों तरफ कोलाहल
करुणा से भरा मन मनो कह रहा था
यही अंतिम सत्य है
जैसे जन्म लिया इस संसार में
जाना भी उसी हाल में बंधु
अंतिम सत्य तो वही है
शांत शरीर, चार लोग
घर से मरघट तक का सफर
इन्हीं कंधों पर तय करना है
छोड़ मोहमाया का जाल
निकल एक सत्य की खोज में
मेरा-तेरा सभी धरा रह जाना है
भाई-बंधु सभी चल देंगे
कालचक्र है प्यारे यों ही चलते जाना है
मेरी अर्थी पर भी यों ही कोलाहल होगा

दो आँसू इस पर भी टपकेंगे
दो दिन रोकर सब अपने घर चल देंगे
इस पर भी शायद कुछ तो हँस देंगे
फिर क्यों अभिमान करूँ मैं इस देह का
तेरे मरने से रुकता कुछ नहीं प्यारे
क्षण भर रोकर सब हँस देंगे
सुख–दुःख, तेरा–मेरा क्या है
एक मन का वहम, छलावा खुद से
रोटी तो लाशों पर भी खाते देखा है लोगों को
पेट की भूख तो खून को भी पानी कर देती है
मुट्ठी बंद लेकर आए संसार में
तो क्या कमा लिया,
विदाई की बेला में तो
खाली हाथ ही जाओगे प्यारे,
जो बीत गया वह ही अच्छा था
जो कल होगा वह भी अच्छा ही होगा
यह सोच रही तो बंधुओं
कुछ बरस हम भी जी लेंगे
मेरा भी हाल वही होगा, जो तेरा यहाँ पर
अंत तो सभी का वही है
खाली हाथ निर्वस्त्र शरीर
मूक भाषा, पूर्णतः समर्पण
पंचतत्त्व शरीर, पंचमूल में विलीन
मन का कोलाहल यहीं थम जाना है
फिर क्यों बँधे इस कठोर बंधन में
तेरा–मेरा सब माया का है बंधन,
सबकुछ यहीं धरा रह जाना है
कुछ सत्कर्म कर ले रे मन

मानव जीवन बहुत कठिन
अंत में फिर वही चार कंधे
निर्जीव शरीर, थोड़ी लकड़ियाँ, गंगाजल
आत्मा का परमात्मा से मिलन
फिर तो चक्र वही समय का
वही कोलाहल, वही नित्य-कर्म—
जन्म, मृत्यु, संस्कार
हँसना-रोना बारंबार
अंतिम सत्य है यही विजया
बेजान शरीर, चार कंधे
घर से मरघट तक जाना है,
घर से मरघट तक जाना है।

□□□